古布を着る。

私に自信をくれる服

主婦の友社

はじめに

「古布《こふ》」や「襤褸《ぼろ》」をご存じでしょうか。
日本で昭和の初めごろまで使われていた
着物や布が、古布。
古布の中には、何世代にもわたり
繕《つくろ》い続けてボロボロになるまで
愛用されてきた、襤褸と呼ばれるものも。
そして、襤褸の巧まざる美しさは
現在では、世界中のアーティスト、
ファッション関係者からも
「Boro」と呼ばれて評価されています。
主婦の堀内春美さんと村松みち子さんは、
この古布の世界に魅せられ、

服やバッグ、小物などにリメイク。
「長い年月が古布に独特の味わいを与え、
繕いの跡も魅力的です」（堀内さん）
「古布を見ていると、作りたいものが
次々に浮かびます」（村松さん）
古布を使った手作りに
挑戦する人はたくさんいます。
しかし、この二人の古布への愛情と
洗練された感覚は群を抜いているため、
違いのわかる人たちの注目の的。
今の自分にふさわしい服が見つからない。
そんな悩みを持つ女性たちは、
古布の魅力を現代的に表現する二人の
服やバッグから目が離せません。
なぜなら、身につける人に
確かな自信を与えてくれるから……。
古くて新しい、そして心が弾む
古布の世界へご案内します。

目次

一章

私たちの古布手作りヒストリー

「古布」と「友情」があるからいつも笑顔でいられる

古布の服やバッグを作り始めたのは、16年ほど前のこと。久しぶりに二人が顔を合わせたのがきっかけでした。どのようにして古布と出合い、魅せられたのかを、お話しします。

右・15年ほど前に初めて古布で縫ったブラウスに、継ぎ当てを繰り返していたら、ジャケットに変身。左・油単（ゆたん・大風呂敷）からワンピースを。

左・村松「春美ちゃんのそのジャケット、ほんとうにすてきね」
右・堀内「私の古布への思いが、すべて詰まってるようなジャケットだから」

右・数年かけて集めた藍無地の古い端切れ120枚をつなぎ合わせたワンピース。左・麻の白絣の着物で作ったブラウスに、藍の古布で縫ったスカートを。

堀内「みっちゃんは粋な雰囲気の服が似合うなと思うの」
村松「春美ちゃんのファッションテーマは『大人かわいい』よね」

背中のスナップの部分には、内側に雪ん子絣をあしらって。四角い刺し子のアップリケもポイント。

左上写真の堀内さんの上着は、本来、こちらが前。でも後ろ前に着てみたら、「このほうがいい!」と。

右・藍木綿のワンピースに木製ブローチや柿渋染めの蚊帳（かや）のストールがマッチ。
左・ゆったりパンツは、最近では稀少になった見事な継ぎはぎの古布から制作。

村松さん宅を訪れたのがすべての始まり

堀内春美さんが古布の魅力に気づき、あっという間にとりこになったのは16年前のこと。村松みち子さんの家を訪ねたのがきっかけでした。

「村松さんと初めて会ったのは40年も前になります。嫁ぎ先が近所で、若いお嫁さん同士ということもあり、すぐ仲よしに。みっちゃん、春美ちゃん、と呼び合うようになりました。やがてわが家が引っ越し、しばらく会っていなかったんですが……」

久しぶりの村松さん宅で待っていたのが、古布との出合い。

右・藍の刺し子の上着に合わせたのは、粋な柄物の法被（はっぴ）で縫ったパンツとハンチング。
左・ふわりと軽い麻の蚊帳から作った上下。柿渋で染め、鉄媒染（72ページ参照）をかけて、この色に。

運命を変えたのは古布をパッチワークした一つのバッグ

村松さんは子どものころから手仕事が好きで、大人になってからも洋裁や刺しゅう、編み物といった手芸を楽しんできました。

「50代になって習い始めたのがパッチワーク。その講師のかたの作品は、材料が古布で、落ち着いた色合わせが、なんとも魅力的でした。さっそく私も古布のパッチワーク小物を作り始めたんです」

玄関マット、テーブルセンター、コースター……。村松さん宅を訪れた堀内さんは、これらの小物を目にし、たちまち魅せられたといいます。そして帰りぎわ、「これも私が作ったものだけど、よかったら」と村松さんからお土産に手渡されたのが、6ページの写真のバッグ。

「その古布のパッチワークのバッグは、衝撃でした。『こんなすてきなものが、世の中にあるなんて！』と。みっちゃんの家を出て、自分の車に乗り込んでからも、エンジンもかけず、まじまじと見つめ続けたほどです」

やさしい自然な色合い、どこか懐かしい手ざわり。古布の魅力が胸を打ちました。

堀内「後ろ姿って大事。だから、藍のパンツは、おしりのあたりに文字がくるようにデザイン」
村松「私の上着は、昔の人の継ぎ当てが、後ろ身ごろのいいポイントになってる」

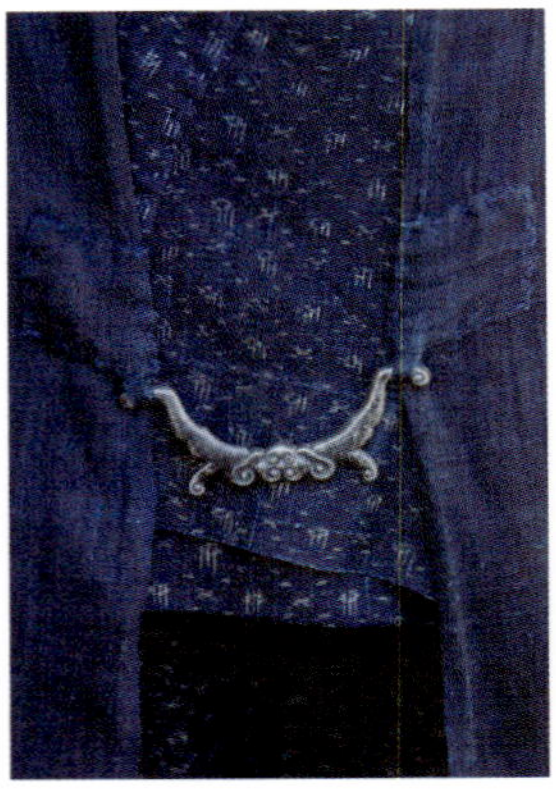

時代だんすの引き手は、古布の服と相性が◎。ここでは、羽織り物のアクセントに活用。

途中で古布をはぎ合わせた跡も、後ろ身ごろのデザインになっている。

襟元にスカーフを重ねて個性を演出。スカーフの色を変えれば、また違う印象に。

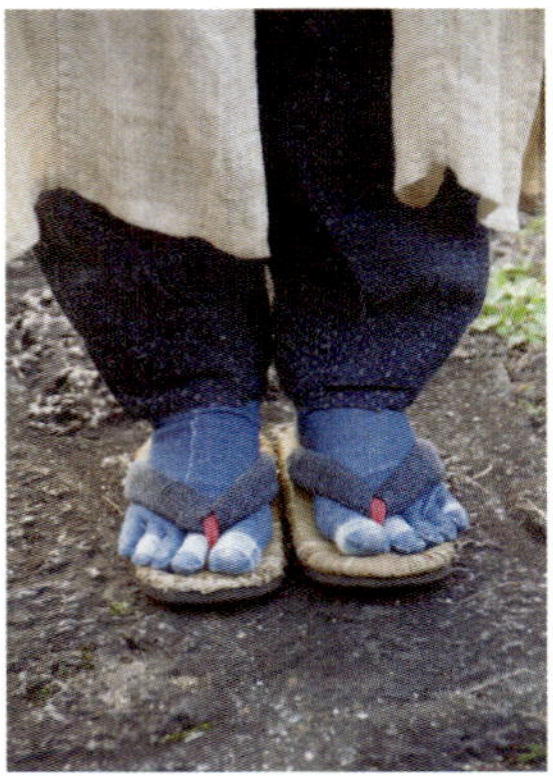

「雪駄に普通の足袋」ではつまらないから、市販の五本指ソックスを合わせて。

服作りは初めて。すべて自己流でスタート！

古布で作られたバッグを手にした堀内さんは、ふと思いました。「このバッグには、どんな服を合わせよう……」。

「それまでファッションはトラッド派だったんです。バッグには合わないなぁ。だったら、古布を使った服を自分で作ってみようか、と思い立ちました」

洋裁の経験はないけれど、直線裁ちを基本に、自分の体に布を当てながら自己流で服作りをスタート。

「みっちゃんも服作りに誘ったんですが、『仕事をしているので時間がない』と。そこで、古布を使って私は服、みっちゃんはバッグを作り始めたんです」

右も左も、着物をほぼそのまま羽織り物に。右は、自分で縫いつけたリボンがポイント。左の羽織り物の下の作務衣は、丈を短くしてモダンな雰囲気に。

堀内「古布に出合う前の私が着ていたのは、ポロシャツに巻きスカートのトラッドスタイル」
村松「私も春美ちゃんも、『紺色が好き』『シンプルが一番』は、昔から変わらないね」

二章

古布が経てきた〝時〟を慈しむ

名もない女性たちの繕いの跡に心ひかれて……

年月に洗われた古布の色あせ、かすれには独特の味わいが。そして、傷んだ部分には、女性たちがていねいに継ぎ当てした跡。その美しさを大切にしたいから、心を込めてリメイクします。

「これ、元は布団側だったんですよ。
継ぎ当てをデザインの一部ととらえ、自分でも少しアップリケしたり、ステッチを入れたり」

藍の濃淡の継ぎ当てが、抽象画のような景色を見せている古布を発見。胸当てつきのロングエプロンに仕立て、現代によみがえらせた。

これは7ページのジャケットの背面。着ているうちに破れたら継ぎ当てを。その結果、この迫力！

リメイクした服は昔の人と私とのいわば合作

服作りの材料を探して、たくさんの古布と出合いを重ねた堀内さん。心に残ったのは、昔の人々が暮らしの中で愛用した木綿や麻の古布たちでした。

「生地の色あせ、かすれなどに独特の味わいがあるんです。しかも自然素材だから、年月に洗われて手ざわりもやわらかく、やさしい。心にしみ込んでいくような美しさを感じました」

さらに、目を奪われたのが、繕いの跡。昔は布や衣類が貴重品だったので、生地が破れたり薄くなったりすると、女性たちは裏から当て布をして針と糸で補強をしました。

「その繕い跡がすばらしいんですよ！　裏地であっても、色やバランスを考えながら当て布をして、チクチクと手縫いしてあるんです。それが、まるで絵のようで。『きっと、家族のことを思いながら、夜なべして針を動かしたんだろうな』と想像すると、いっそういとおしさもわいてきます」

だから「繕いの跡を生かした手縫いの服作りをしたい」と考えるようになったのです。

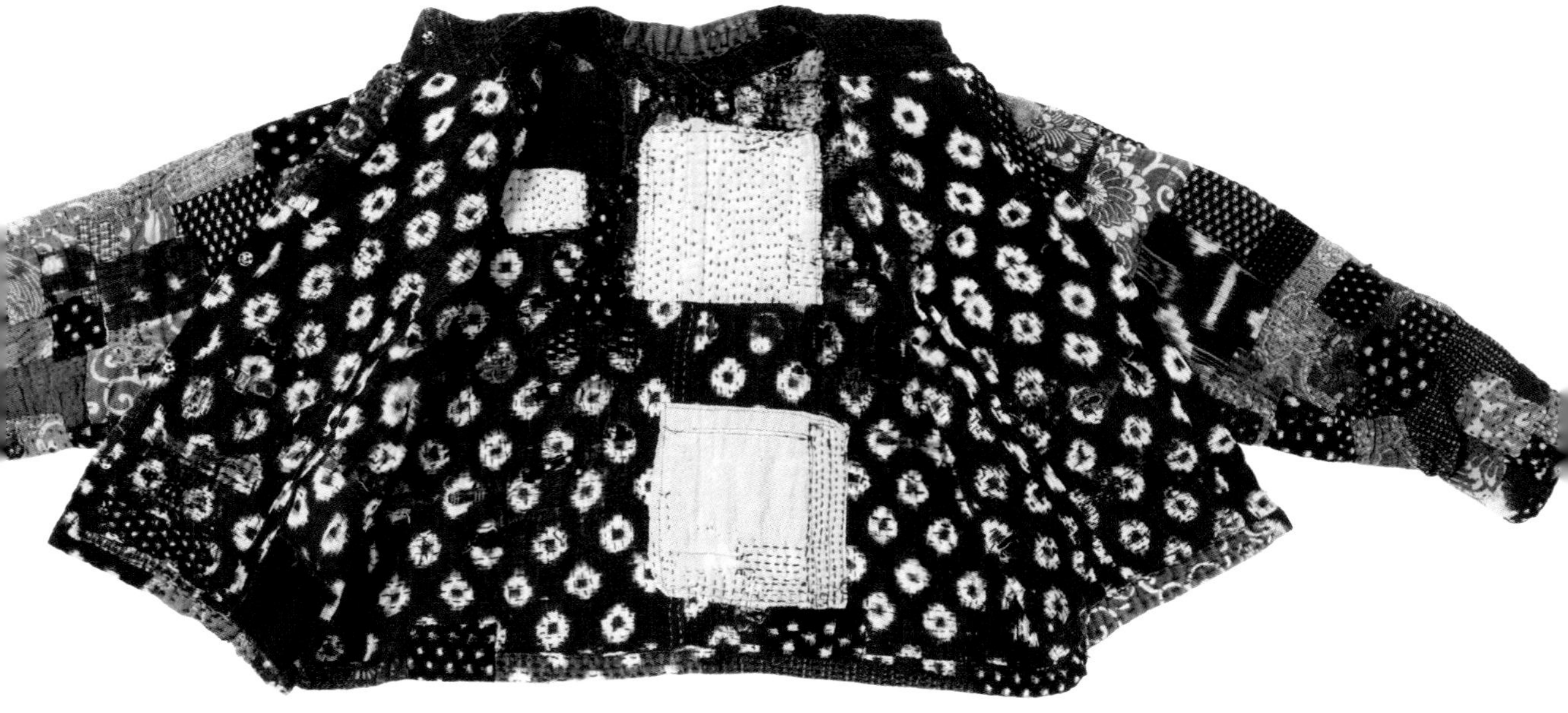

内側を見るとわかるように、最初は古い大柄の絣を使って仕立てたブラウスだった。

18 「昔の人の繕いと私の針仕事を合体させたエプロン。縦縞だったものを横に使いました」

古布をつないで
つないで
まったく新しい表情に

現代の大量消費時代が訪れるまで、私たちは物を大切にしながら暮らしていました。

「昔の人は『あずき3粒包める布は捨ててはいけない』と言ったそうです。それほど布を大事にしていたんですね」

傷んだ部分を切りとり、使えるところだけ残しておく。そんな布切れを、つないで、つないで、また別の用途のものに作り変えていたといいます。

「思わず見とれてしまうほど、布合わせのセンスがすてきで。服作りの参考にもなります」

繕いやはぎ合わせの部分が、後ろ身ごろの表情になっている。ひもにもひと工夫。

2種類のグレーのとり合わせがシックなかっぽう着。お料理好きの村松さんにプレゼントした。

絣で作ったジャケットの背中部分に、柄の異なった四角い布をはぎ合わせてアップリケ。

古い布にもう一度命を吹き込んであげたいから

材料探しも、古布の服作りの楽しみの一つ。

骨董屋や骨董市に足を運ぶと、今ではほとんどお目にかかれないものを発見することも。たとえば、油単《ゆたん》。

「油単というのは、たんすや長持ちなどの覆いに使った布。大きく紋を染め抜いた大風呂敷です。藍に白という潔い2色使い、日本ならではの紋のデザイン性の高さなどが魅力。背中に紋の入った半纏《はんてん》にも、同じことが言えそうですね」

こうした紋を、どのように生かすかが、腕の見せどころです。上着の背中にもってくると、粋な雰囲気に。

「ボトムにあしらうこともありますよ。紋だけ切りとり、遊び心でパンツのおしりのあたりにアップリケすることも多い。これは、『おもしろい！』『楽しい！』と、みなさんに好評です」

油単と違って、手に入りやすい材料が着物。繕いはあっても素材がしっかりしたものならば、なんとか、もう一度、衣類としての命を吹き込んであげたいと思う堀内さんなのです。

半纏を使った服作りの際に、余ったのが紋の部分。藍木綿のパンツに縫いつけた。

こちらのスカートには、風呂敷から切りとった紋をステッチとともにアップリケ。

元は木綿の油単。リビングのタペストリーにしていたものを、今度は身につけるものに。

「麻の着物などは、そのシャリッとした張りのある手ざわり、木綿とは違うツヤ感、軽やかな持ち味などが、手作り心を刺激します。『ぜひ、この上品な質感を損なわないデザインにリメイクしたい』と思うので、ごくシンプルなワンピースに変身させたりします」

珍しい古布も、そうでない古布も、手にとってジーッと見つめます。すると、どんなリメイクをして、今という時代によみがえらせたらいいのか、古布自身が教えてくれるのです。

「古布を使って服を縫い上げたら、できるだけ着る機会を増やしたいと思います。そこで、こんなアレンジができるボトムも作りました」

左の写真のボトムは、裾の中央の部分にスナップをつけて、キュロット風にはけるようにしてあります。スナップをはずして、ウエストを90度回転させると、両サイドにスリットの入ったスカートに。

「ちょっとした思いつきを形にできるのも、手作りのいいところですよね」

左ページの麻のワンピースは、背中に縫いつけた小さな紋が、さりげないワンポイント。

上質の麻で織られた近江上布の着物をリメイク。ポイントはポケットにあしらったあさぎ色の布。

着物を作務衣に仕立てるときは、上着の丈をあえて短めにして、モダンな印象に。

珍しい柄の麻の着物からブラウスを。スタンドカラーや短めの丈、七分袖がキュート。

神奈川県大和市の骨董市で購入した麻の着物をリメイク。手織りの上質な素材感が生きるようにシンプルなローウエストのワンピースに変身させた。

上質感の漂う麻の着物は
すっきりしたデザインの服に

「この日傘は、骨董市で春美ちゃんが見つけたものです」

「細部」にセンスや個性が表れるから、徹底的にこだわって

ひとくちに「昔の布」といっても、さまざまなものがあります。パッと人目を引く華やかな柄や色使いのものも。堀内さんと村松さんが好むのは、素朴な美しさをたたえたシンプルな古布。服に仕立てるときも「シンプル」をモットーにしていると堀内さん。

「シンプルだからこそ、細部にはこだわります。襟元や袖口、ポケットにさりげなく別布をあしらったり、ボタン選びに時間をかけたり。スナップなどは、ほとんど見えないのですが、ピカピカ光るのがいやなので、布でくるむことにしているんです」

木綿の太い縦縞の古布を横に使って。前身ごろのスナップ部分につけた刺し子の端切れがポイント。

材料は、おそらく神社の垂れ幕だった古布。染め抜かれた紋を大胆に生かしてショート丈のコートに。

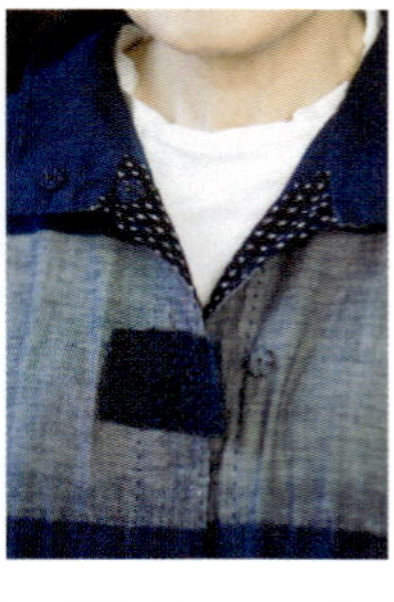

襟元からチラリと見える雪ん子絣が楽しい。後ろの腰の位置には、時代だんすの引き手をあしらった。

背中の紋の色に合わせて、襟元のスナップは白い布でくるんだ。ちょっとしたアクセントにもなっている。

手に入れたとき、後ろ身ごろには傷んだところが多数。色や配置を見ながら、何枚もの当て布で補修を。

襟元で目を引くのが竹を材料にしたボタン。スナップは同系色の布でくるんで目立たないようにした。

袖口の内側には型染めの布を縫いつけて。ときには袖口を折り返し、さりげなく見せる着こなしも。

村松「春美ちゃんが麻の野良着から作ってくれたジャケット。ジーンズによく合います」

三章

古布へのこだわり

知れば知るほど魅了されるのが古布の世界

骨董市に行くと、今では珍しくなった昔の仕事着や袋物、思いがけないリメイクの材料などにお目にかかることができます。知れば知るほど奥の深いのが「古布の世界」です。

堀内「昔は、目についたものをあれもこれもと買っていたけど、今では厳選するように」
村松「これでアレを作ろう、とはっきりイメージできる古布だけ買ってるね」

骨董市でいつも見る店はだいたい決まっている。ときには二人で相談し、意見を聞きながら物色。

紋が白抜きされた風呂敷を発見。傷みも少ないし、「これは使えそう」と買うことに。

お宝を探して月に一度の大骨董市へ

「しっかり織られた布地、女性たちが心を込めてひと針、ひと針繕った手仕事の跡。それこそが私たちにとっては、お宝なんです」

お宝は、ただ座って待っていてもやってこない。二人は古布を探して、各地の骨董市へ。

「きょうは神奈川県大和市の大きな骨董市に出かけます」

第3土曜日の朝、静岡県富士宮市の家を出て、9時前には大和駅前のプロムナードに到着。すでにたくさんの業者が店開きをしています。二人が手作りの

すでに柿渋で染められた古布も売られている。これは神社で使われていた幕のよう。

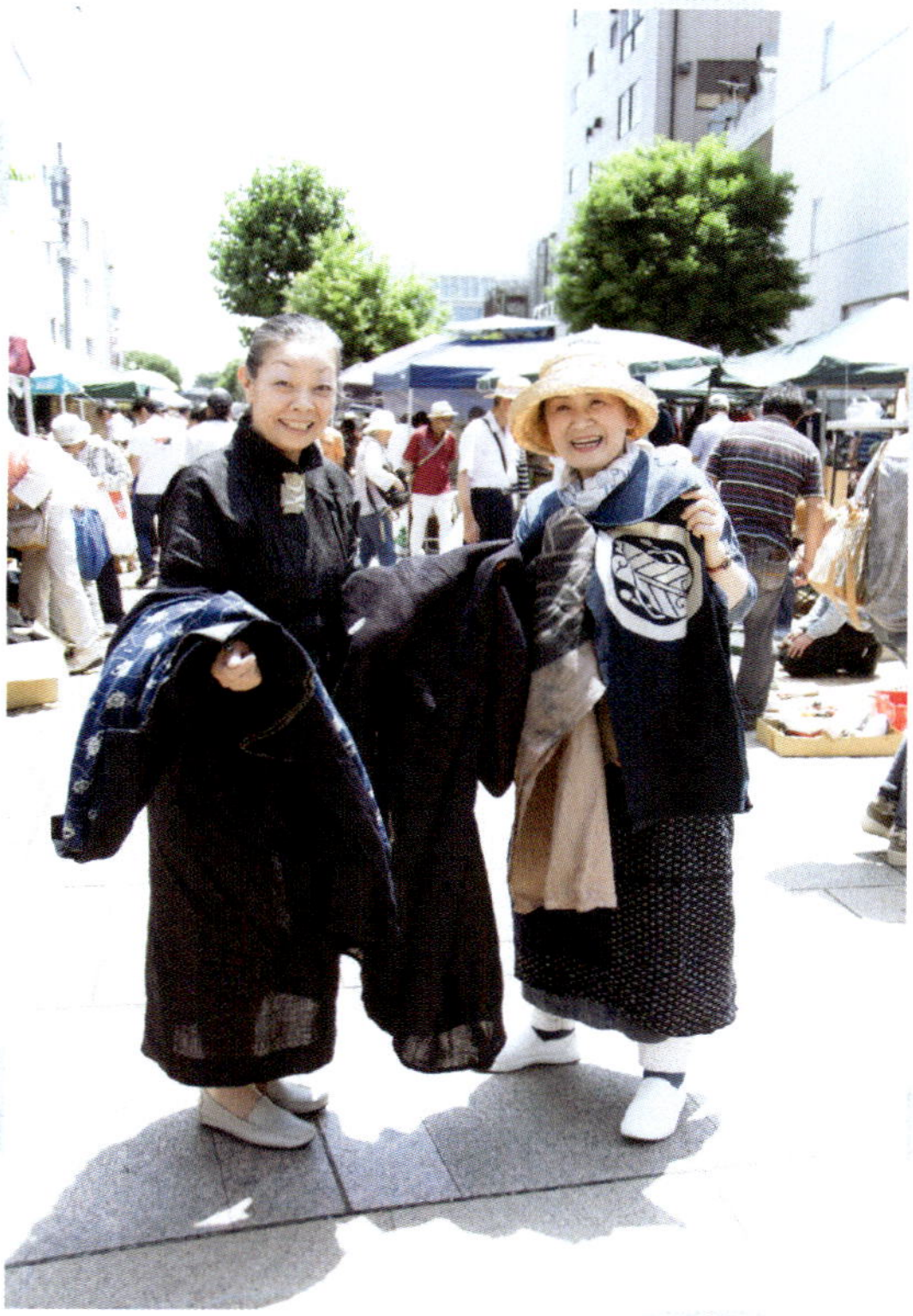

約1時間で骨董市めぐりは終了。二人で、裏地の凝った外套、麻の着物、藍の腰巻きなど10枚を購入した。

さまざまな古布が売られているけれど、見た瞬間、作りたいものが〝ひらめく〟ときだけ買うことに。

材料にしているのは、大正時代から昭和初期の古布。和装のふだん着や野良着、油単、のぼり旗、酒袋、手ぬぐいなど。

「骨董市でのぞくお店はほぼ決まっているんです。顔なじみの店主さんは、私たちの好みをわかっていて、奥からとっておきを出してくれることも」

古布選びにあまり時間はかけないと堀内さん。

「以前は、ちょっと『いいな』と思うものも買ってました。そして死蔵させていたんです。『これでは古布に申し訳ない』と反省して(笑)。今は、見たとたんに作りたいものが思い浮かぶ古布だけを買います。ひらめきを与えてくれるものは、必ずいい服やバッグになるんです」

布

元は何だったのか、使えそうな部分だけを切りとった、大小の長方形や正方形の古布も売られている。

もんぺ

破れるたびに布切れで継ぎ当てをしながら愛用した跡の残るもんぺ。この継ぎはぎ部分が魅力。

着物【きもの】

着物からはたっぷり布がとれるので、服作りの材料に最適。とくに男物で上質の書生絣や上布などの着物を見つけたら、迷わず手に入れる。ワンピースやブラウス、スカートと何にでもリメイクが可能。

法被【はっぴ】

文字や紋、和模様などが染め抜かれた法被はリメイク心を刺激。どの部分を生かして、何を作ろうか……。新しいコートやジャケット、パンツなどのデザインが次々に思い浮かぶ。

刺し子半纏【さしこばんてん】

写真は庄内刺し子が施された木綿の半纏。もう1枚、同じような刺し子半纏があるので、うまく組み合わせて、コートかジャケットなどを作るつもり。布が余ったらバッグも。

何度も水をくぐった木綿の手ぬぐいは肌に気持ちいい

堀内さんと村松さんが手作りした服やバッグは、元はすべていろいろな古布。そこで、ちょっとおもしろい材料と、それを使って完成させたものを、いくつかご紹介します。

まずは手ぬぐいです。

「大和の骨董市でも、古い手ぬぐいを見つけて、5枚ほど購入しました」と村松さん。

やや古めかしい柄が、かえって新鮮だったり、染め抜かれた文字が思いがけない味を出していたり。これらをうまく継いで服を作れば、ユニークな一枚になることまちがいなしです。

「私が作るのは藍や生成り色の服が中心なので、白地の手ぬぐいを使ったワンピースは、ちょっと異色。でも、すてきでしょう? 何度も水をくぐってやわらかくなった木綿の手ぬぐいは、肌ざわりもよく、日本の夏にふさわしい服に変身します」(堀内さん)

↑

手ぬぐい

絵や文字、和模様などが染め抜かれた古い手ぬぐいも、二人には見のがせない材料。長く愛用されたことでやわらかくなった木綿の生地は、ブラウスやワンピースなどにリメイク。

蚊帳【かや】

昔、寝室で蚊よけに使っていた蚊帳。
これを解体した「蚊帳解き古布」は、
夏服やバッグ、のれんなどの
リメイクの材料として人気です。
二人は、素材感を大事にして、
ストールや服に生まれ変わらせました。

古い木綿の蚊帳からスタンドカラーのブラウスを。
ストールは麻の蚊帳から。

男物の着物から作った服に、軽やかな蚊帳のストールをプラス。おしゃれ度が、さらに上がった。

蚊帳を草木染めして作ったストール。両端は切りっぱなしでいいから、とてもカンタン。

蚊帳をたっぷり使ったコート。竹製のボタン、前立てや裾などの内側に縫いつけた柄布がポイント。

染めて、縫って……。さまざまに楽しめるお気に入りの古布

見るからに涼しげで軽やか。さらに、張りのある素材感が上品な雰囲気をかもし出す蚊帳。手にとれば、誰でも何か作りたくなる魅力的な材料です。

「私は好みの色に草木染めして、ロングストールを何本も作っています。このストール、古布で縫った服によく合うんです」

と村松さん。一方、堀内さんは、そのさわやかさを生かしたブラウスやコートを制作。

「蚊帳の布は裁断するときに動いて、直線がとりにくい。それでもがんばって縫うと、必ず大満足の服が完成するので、作りがいがあります」

継ぎの当たった麻の角袋２枚でジャケットを制作。背中には、「背守り」を縫いつけてポイントに。

※背守り＝幼い子どもの無事を祈って、着物の背の中央上部に施した飾り

ストールはジャケットの残り布を継いで作った。継ぎ当てがジャケットやストールのポイントに。

角袋【つのぶくろ】

１枚の布をバイヤスにはぎ合わせて作られている角袋。昔、穀類や種、豆などを入れて持ち運んだのでは、といわれています。袋の先が２本の角のようだからこの名前がついたのかもしれません。

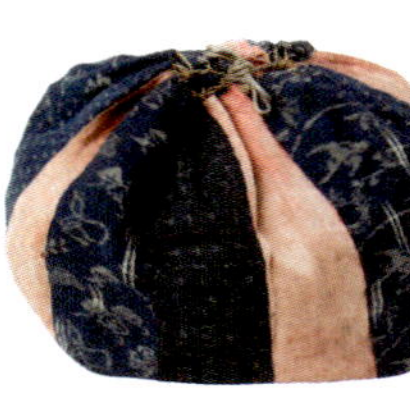

米袋【こめぶくろ】

神社やお寺に米や豆などを納めるときに使ったり、お祝い事のあるときに、お米を入れて贈ったり。女性たちが端切れで手作りした巾着形の袋が米袋です。

継ぎはぎの美しい米袋に持ち手をつけて。ローズピンクの布は、手持ちの蚊帳の縁布を縫いつけたもの。

酒袋【さかぶくろ】

日本酒を造るときもろみを入れてしぼるのに使用されます。独特の色とハードな質感が魅力。

柿渋で染められていた酒袋を、トートバッグに。太いステッチがアクセント。持ち手にもこだわりが。

昔の人が愛用したさまざまな布袋も、見のがせない材料

骨董市で、ときどき見かけるのが古い袋。なかには、どのように使われていたのかはっきりしないものも。しかし、いずれもリメイク心をそそる素朴な美しさや特徴を備えたものばかりです。堀内さんはコレクションしているほど米袋が大好き。

「色合わせ、柄合わせのすてきなものが多いんです。持ち手をつけて、バッグにリメイクを」

一方、村松さんは酒袋のハードな質感に注目し、カチッとしたバッグを制作。

「柿渋で染めると、まるでレザーのような風合いに仕上がるのもおもしろく、次々作っています」

見てください、この手仕事の美しさ！　胸当てのついた前掛けだったものに、縁取りをしてアレンジ。

刺し子【さしこ】

藍の布にびっしりとこまかく入れられた白糸のステッチ。そのひと針、ひと針に昔の女性たちの思いや願いが込められているようで、いとおしさがわいてきます。

色やデザインの違う2枚の刺し子半纏が材料。傷んでいない部分をうまく組み合わせた。

この丈のコートは、活躍の機会が多くて重宝。サイドの大きなポケットがモダンな印象。

襟はマニッシュなスタンドカラー。古銭に穴をあけ、アクセントを兼ねたボタンに。

いにしえの人の知恵から生まれた手仕事に敬意を払って……

刺し子の施された古布が大好き、と堀内さん。

「布の藍色と糸の色のコントラストになんともいえない美しさがあり、見ていて飽きません」

５００年以上もの歴史がある刺し子。寒い地方を中心に、防寒や補強のために生まれた、日本の伝統的な手芸技法です。

「刺し子半纏2枚を使って、よく作るのがコートです」

刺し子には、豊作や商売繁盛、魔除けなどの「願い」や「祈り」も込められているとか。

「そんな昔の人の心に思いをはせると、完成したコートの暖かさも、いっそう増すようです」

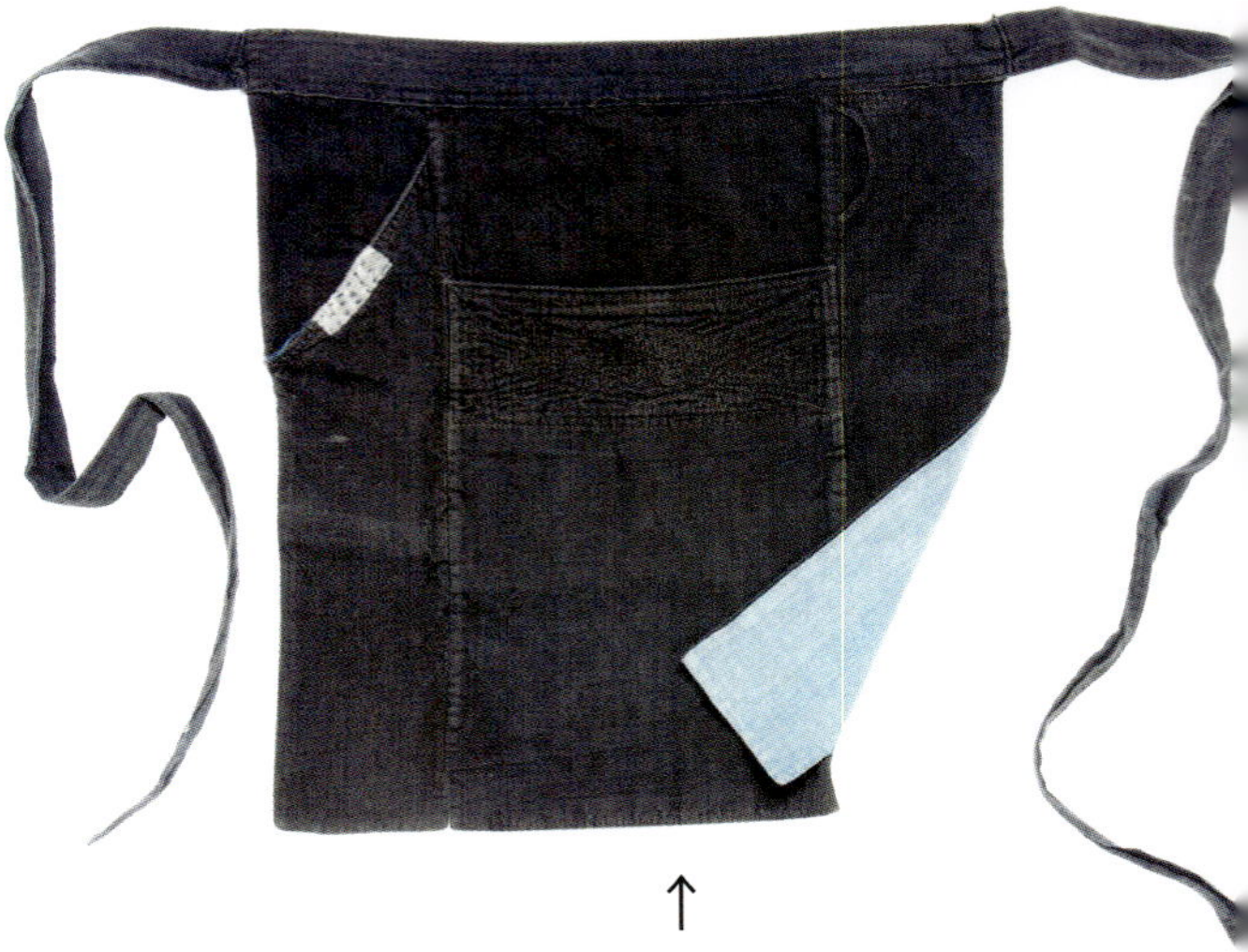

腹掛け【はらがけ】

昔の大工やとび職などの職人、魚屋などの商人の仕事着だった腹掛け。たくさんポケットがついているのでエプロンに。胸当て部分をとり、裏布もひももそのまま使って。

商業用の旗や袋

私たちの目には新鮮に映る文字と図柄がデザインされた旗や袋。これらを使えば、唯一無二の服や小物が誕生する。スカートは、しょうゆ屋の旗を使って制作。下は4種類の粉袋。

掘り出し物の古布をこんなものに変身させてみました

いまや時代劇でしかお目にかかれない「腹掛け」という仕事着、いつのものなのか知らないけれど、見ているだけでおもしろいデザインの旗や袋。こうしたものも、堀内さんのリメイク材料になっています。

「腹掛けなんて、前にも横にもたくさんポケットがついていて、『ここには何を入れたんだろう』と考えながら、裁断したり縫ったりするのが楽しくて。しょうゆ屋さんの旗は、わざと『醸造元』の文字が読めるようにはぎ合わせてスカートにしました」

コートに仕立てたりするのぼ

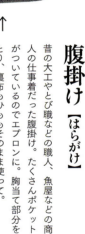

り旗は、知り合いから譲られることもあるとか。

「思い出の詰まったのぼり旗だったりすると、なかなかハサミを入れられないんですが……」

　大きく紋の入った風呂敷は、村松さんがバッグに。

「最近、この紋の部分を底にもってきた大きめのトートバッグ作りにはまってます」

風呂敷【ふろしき】

しっかりした木綿で作られた風呂敷は、リメイク向き。大きく染め抜かれた紋や屋号、名前などが遊び心を刺激する。村松さんはバッグを、堀内さんはコートやジャケットを制作。

幟旗【のぼりばた】

神社に奉納されたものや、端午の節句にこいのぼりと一緒にあげられたものなどが。いずれののぼり旗にも魅力的な図柄が大きく描かれている。左は97㎝×9mの大きさ。

ゆったりていねいな

古布のある暮らし

1 堀内春美さん

子ども2人はすでに巣立ち、現在、夫と義父の3人暮らしの堀内さん。お宅を訪ねると、あちこちに古布で手作りしたものが飾られ、ゆるやかな時間の流れの中で、ていねいに毎日を送っている様子がうかがえます。

「家庭あっての私ですから、家族との暮らしを何よりも大切にしたいと思っているんです」

結婚後は、子育てをしながら、ずっとお勤めも続けていました。夕方に仕事が終わると、子どもの塾や習い事の送り迎えも欠かさない。そんな「どうしてもがんばりすぎてしまう自分」に気づいていたといいます。

「がんばりすぎて、そのうち倒れて、寝込んでしまいました」

阪神・淡路大震災やオウム真理教事件などが起こり、世の中の不穏な空気も心身にこたえたのかもしれません。

やがて、どうにか回復し、「仕事はもうやめよう。でも、次に

居心地よくととのえられた台所。シンクの前の窓では、ふきんが風に揺れている。ふきん掛けは、流木を利用した手作り。お勝手口の上には、好きで集めた自然素材のかごやざるがずらり。

家族に支えられ、古布に心を慰められながら、自分のペースで前に進む

何をしようか」と考えていたとき、古布と出合ったのです。「そういうタイミングでの出合いだったので、私は古布の懐かしさ、手縫いの温かさ、手仕事のすばらしさに気づくことができたのだと思います」

今でも、ときどきがんばりすぎることが。そんなときは、おいしいお茶をいれて、家族とのんびり。定期的にやってくる孫たちとの会話も、楽しみの一つ。

堀内さんがリメイクの材料にしているのは、昔の人が日々の生活の中で愛用していた古布。自分も暮らしに生かしたいから、実用的なものに仕立てる。

ソファカバーも足元のマットも、藍色系の古布をつないで制作したもの。家族と会話を楽しみながら、バッグをチクチク。ときには孫娘に手縫いを教えることも。

テレビの隣に古だんすをおき、サイドボードとして活用。さまざまな古布で縫ったコースターを並べている。

家族が集まるリビングには、堀内さんこだわりの「藍で統一」された古布のファブリックが。壁には、骨董市で発掘した半纏や布団側が飾られて部屋のアクセントに。

「寒くなると、こたつを出すので、古布のこたつカバーや座布団も活躍します」

リビングの窓から見えるの

大きく紋が染め抜かれた半纏は、そのままインテリアとして飾っても絵になる。

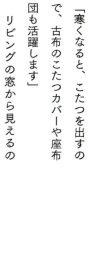

家族だんらんのリビングは藍で統一。窓から見える庭には白い花を

は、緑豊かな前庭の景色。
「縫い物に疲れたら、庭を眺めたり、外に出て土いじりをしたり。実は、古布のリメイクと同じぐらいガーデニングも好きなんです。好きな白い花ばかりを植えて楽しんでいます」
植物の緑と白のコントラストがさわやかで、見ているだけで心身がリフレッシュ！

家の門から玄関までのスペースを使ってガーデニング。あまり作り込まず、ナチュラルな雰囲気にまとめる。

アトリエで無心に針を動かす時間は、何物にもかえがたくて

「気がつくと、夜寝ている時間以外は、いつも、今縫っているもの、これから縫うもののことを考えています」

と堀内さん。ただ家族や家事を最優先と決めているので、針を持つ時間は限られています。

「朝の5時から、家族が起きてくる7時までが、思う存分、古布と向き合える時間です」

自宅の2階には、アトリエにしている部屋が。ここで毎朝、好きな音楽を流しながら、雑誌をパラパラと見て最近の流行をチェックしたり、思いついたデザインをスケッチしたり。でも、大部分の時間は、リメイク中の古布をひたすらチクチク。

「縫い物のために手を動かしていると、心配事や悩みも忘れて、無心になれます。そして、充実感も得られる。何物にもかえがたい幸せなひとときです」

古布のリメイクは子育てのようだ、と思うそう。

2階の一室をアトリエに。窓の上にはコレクションしている米袋をつり下げている。部屋にはミシンや作業台もおいてあるけれど、床に座って手で縫うのが一番。現在、古布で縫ったパンツが破れたので繕い中。

「古布はもろいので手がかかります。でも、だから愛着がわくんです。もしも古布で作った服が着ているうちに破れたら、さらに古布で繕うことで、服をよりよいものに成長させる。まさに、育てている気分です」

古布の手縫いには糸選びも重要になってくる。本藍染めの糸を購入したり、自分で好みの色に染めたり。

ボタン、古い金具や家具の取っ手などを入れた箱。思いがけないものが、古布の手作りの材料として活躍。

手元に来た古布は、すべて使ってあげたいと思う。だから、1枚の着物で服を縫って、余ったらバッグも。

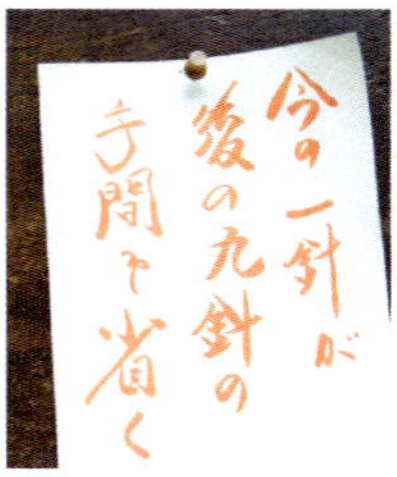

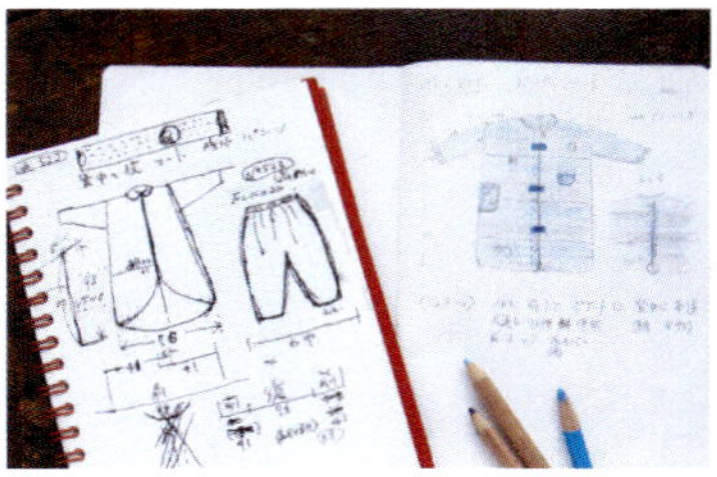

服やバッグを縫うときは、表からは見えないところも、ていねいにていねいに。そうすると、裏返して使っても大丈夫に。また、型紙はほとんど作らず縫っているけれど、デザイン画を描いて構想をねることも。

四章

古布でかんたん手作り

山梨の白州の骨董市で見つけた古布。継ぎ当てをそのまま生かし、リバーシブルで使えるエプロンに。

好きな布で好きなデザインの服&バッグをハンドメイド

堀内さんが作るのは
着物の幅を生かした直線裁ちの服が中心。
洋裁に自信がない人でも
すぐにチャレンジできます。
誰も着ていない「私だけの一枚」を
作ってみませんか。

着物や旗から作る ロングエプロン

思い切った布づかいも
ホームウエアなら
気軽に楽しめる

「もともと裏返した布で継ぎ当てがしてあったものをそのまま使って。これはこれでおもしろいでしょう?」

ロング エプロン

でき上がりサイズ
エプロン丈 80 cm
ウエスト 67 cm
（ウエストに合わせて
ゴムで調節）

材料

着物をほどいたものまたは旗…着物なら身ごろ2枚。
旗なら36×88cmを4枚とれるもの
別布、飾り布…各適宜
ゴムテープ…4cm幅×60cm（ウエストに合わせて調節）
ボタン…直径3.5cmを1個
並縫いの糸…着物と同系色の糸、白糸

作り方アドバイス

エプロンはほどいた着物の布幅いっぱいを利用します。ポケットは好みの別布数枚を寸法にはぎ合わせます。布の耳以外で、布端のほつれが気になる場合はジグザグミシンで始末します。

エプロンを仕上げたら、飾り布を適当な大きさにカットし、好みの位置に布と同色の糸で縫いつけます。

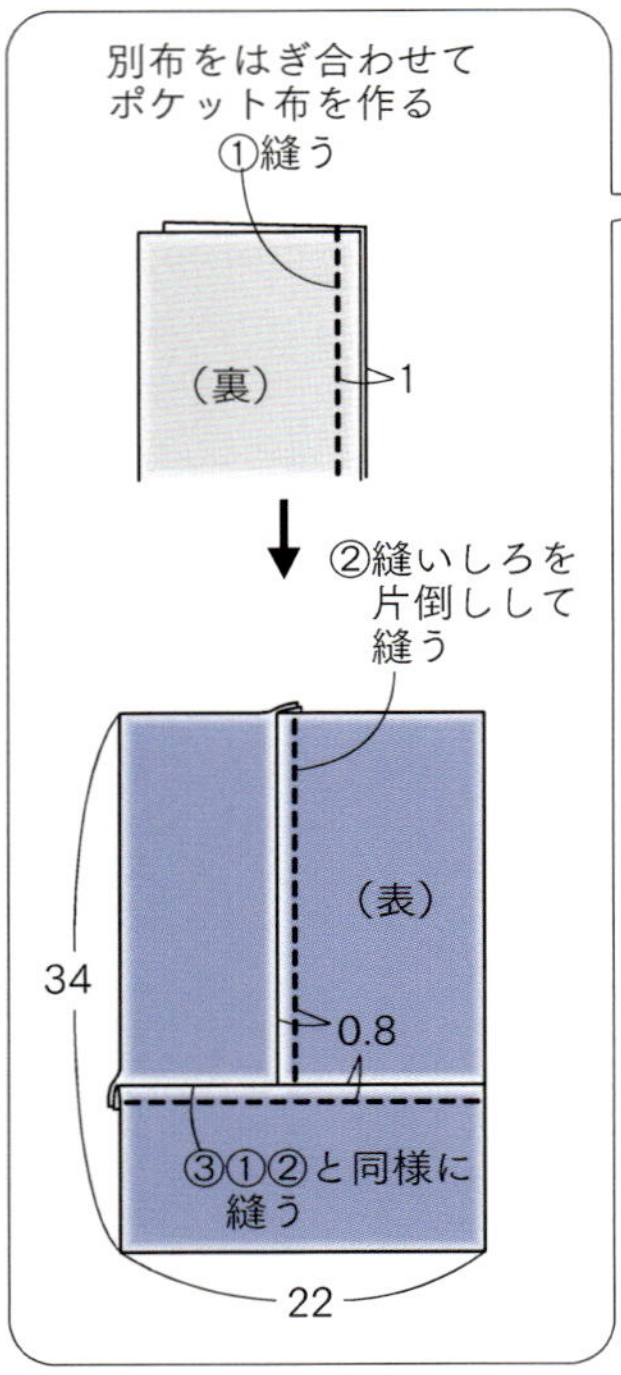

裁ち方

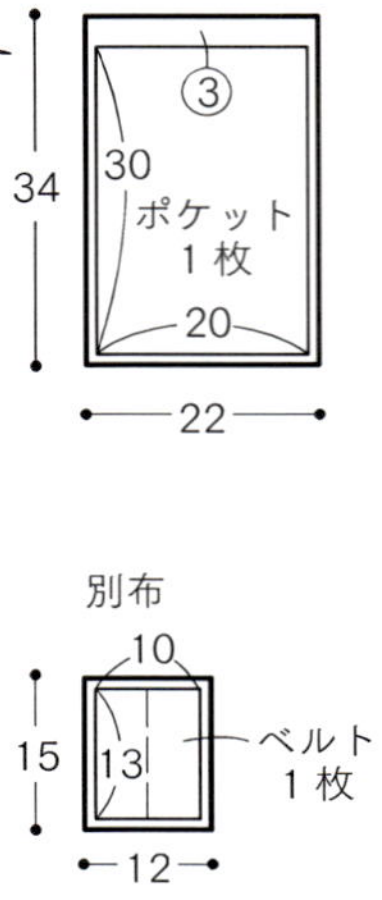

＊布に直接線を引いて裁つ
＊図中の単位はcm
＊◯内の数字は縫いしろ
＊指定以外の縫いしろは 1 cm

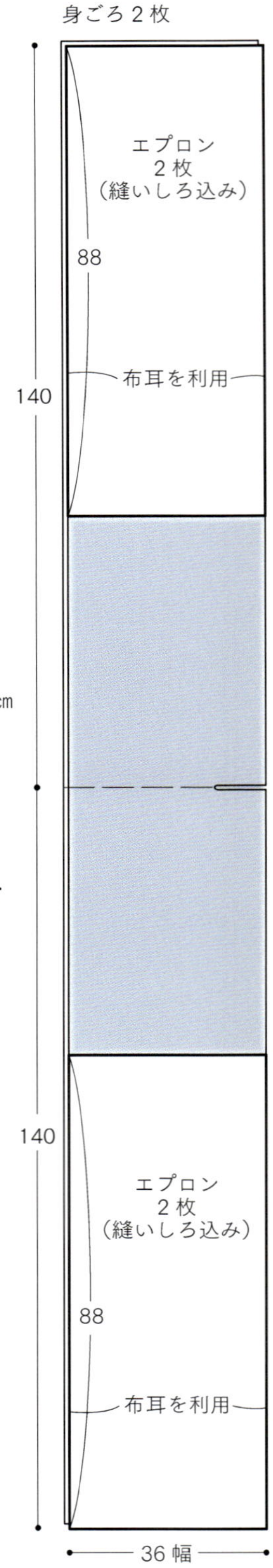

縫い方順序

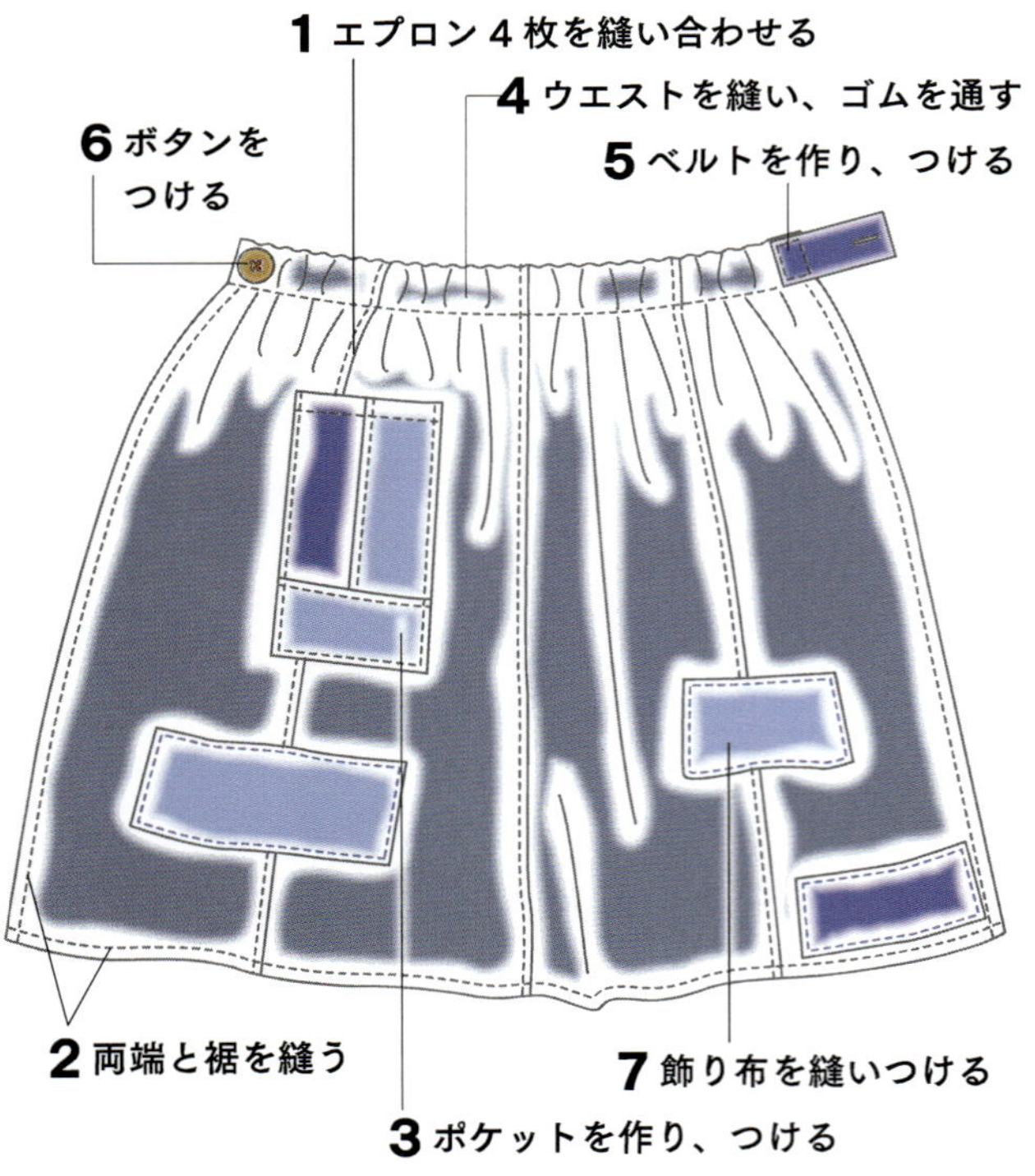

1 エプロン4枚を縫い合わせる

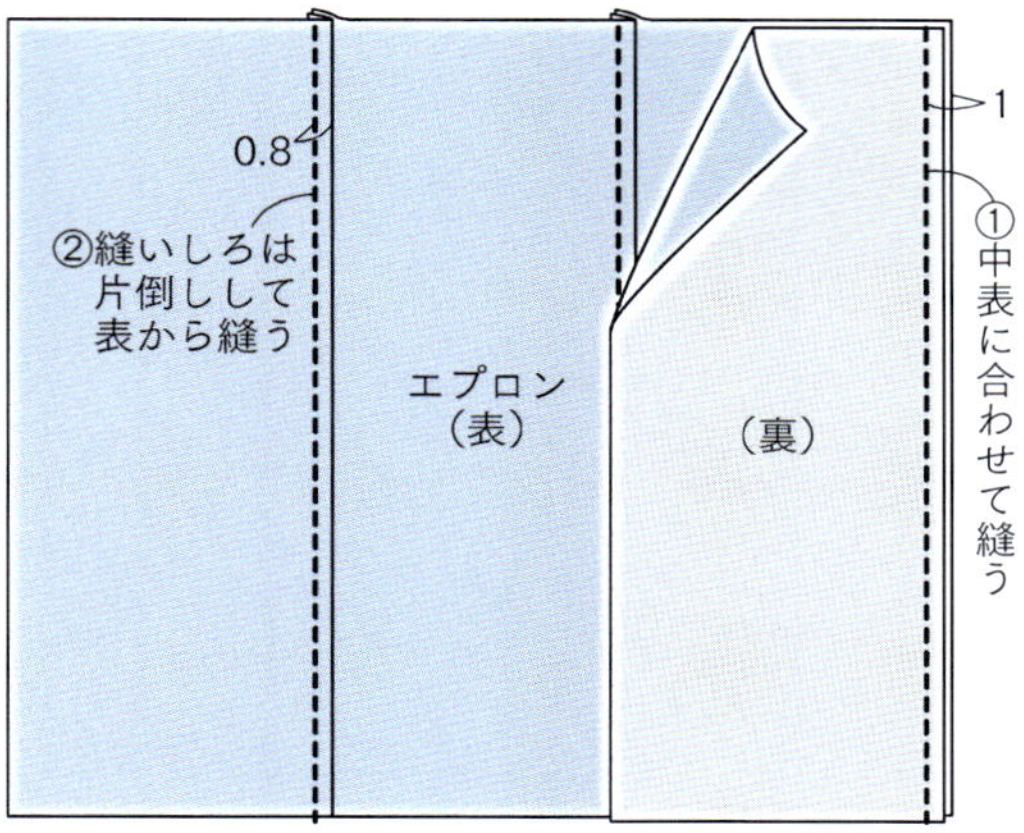

2 両端と裾を縫う

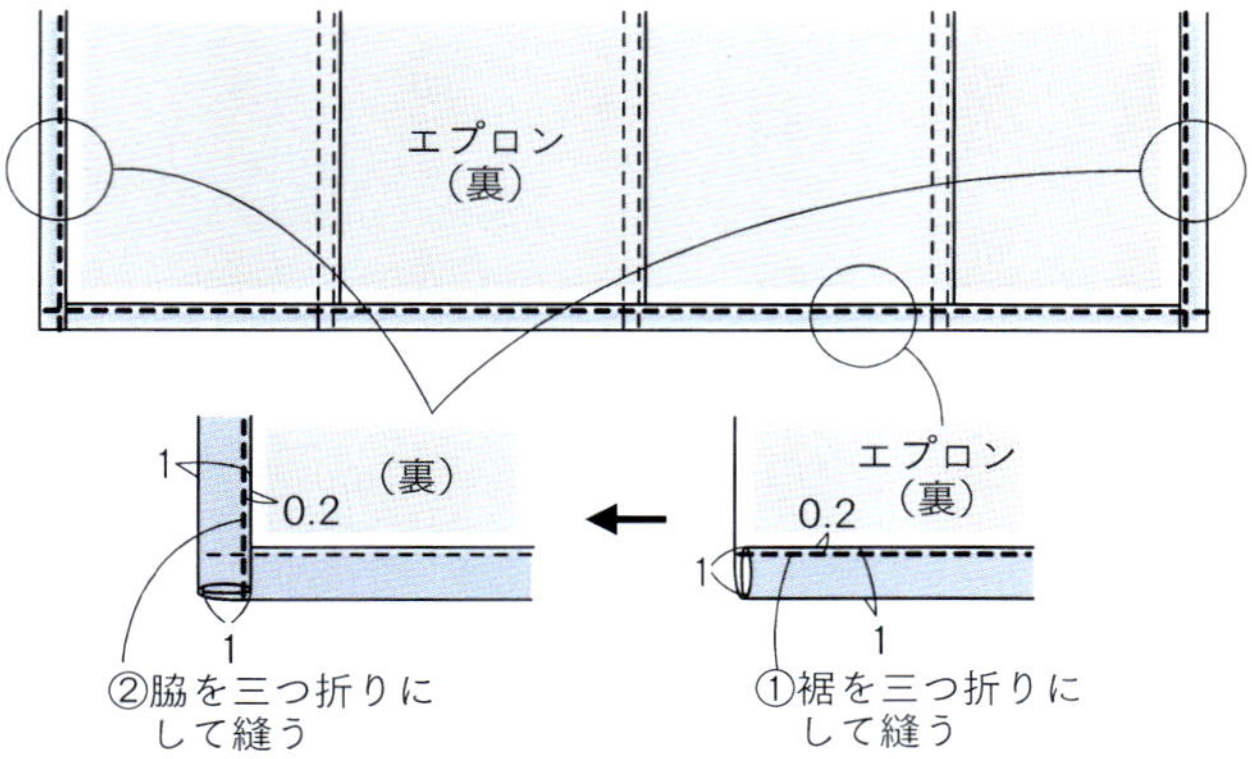

3 ポケットを作り、つける

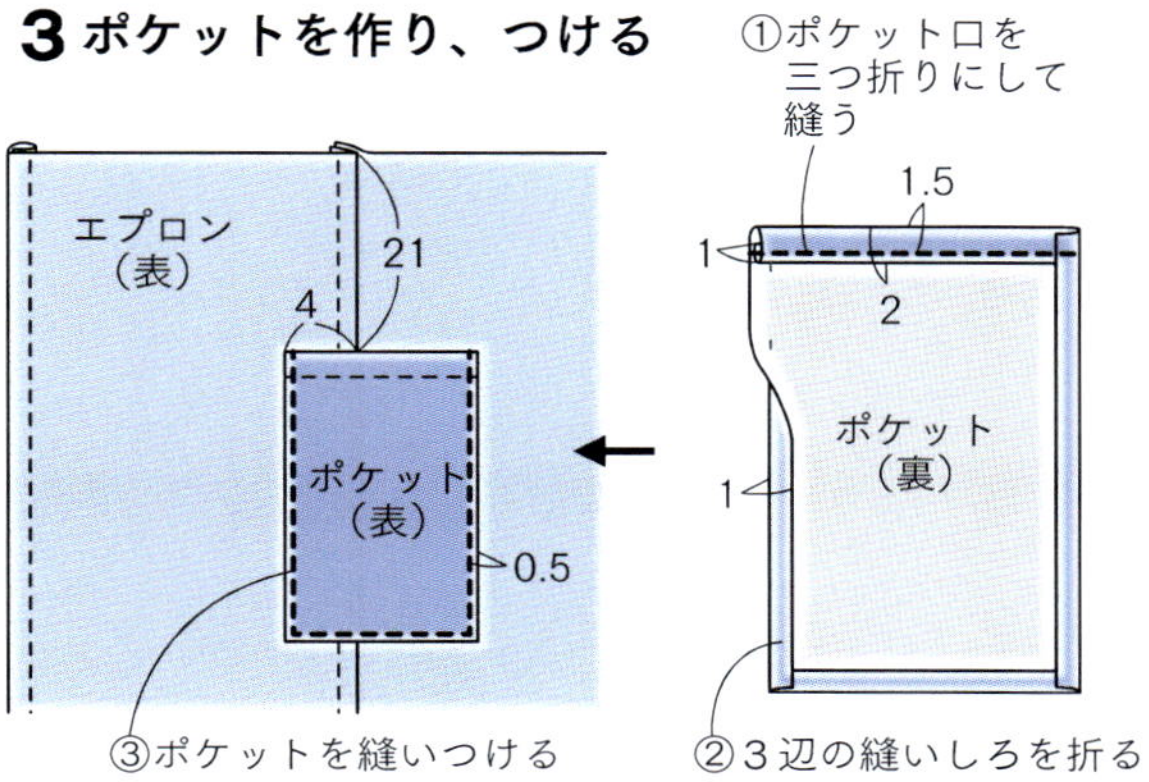

4 ウエストを縫い、ゴムを通す

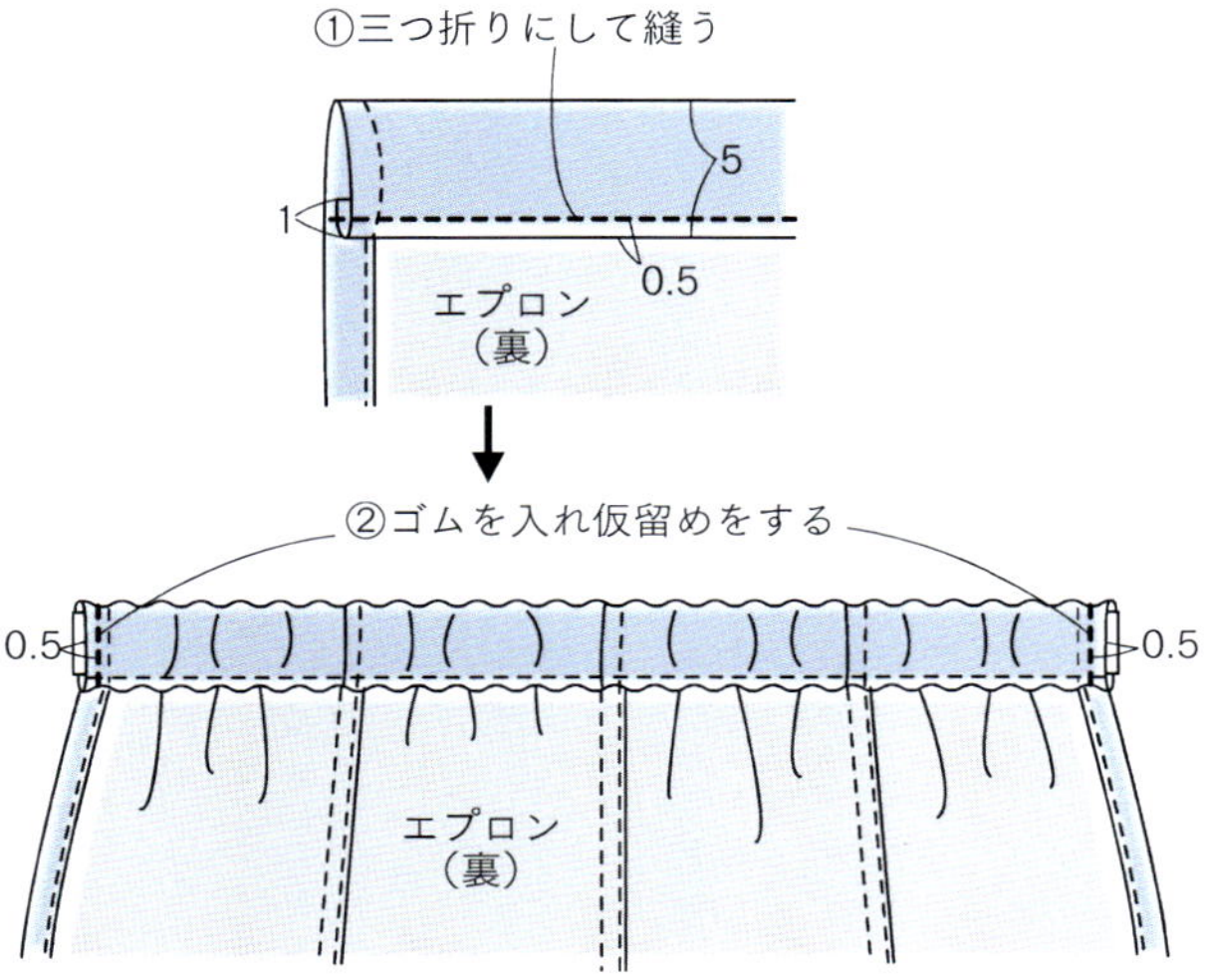

5 ベルトを作り、つける

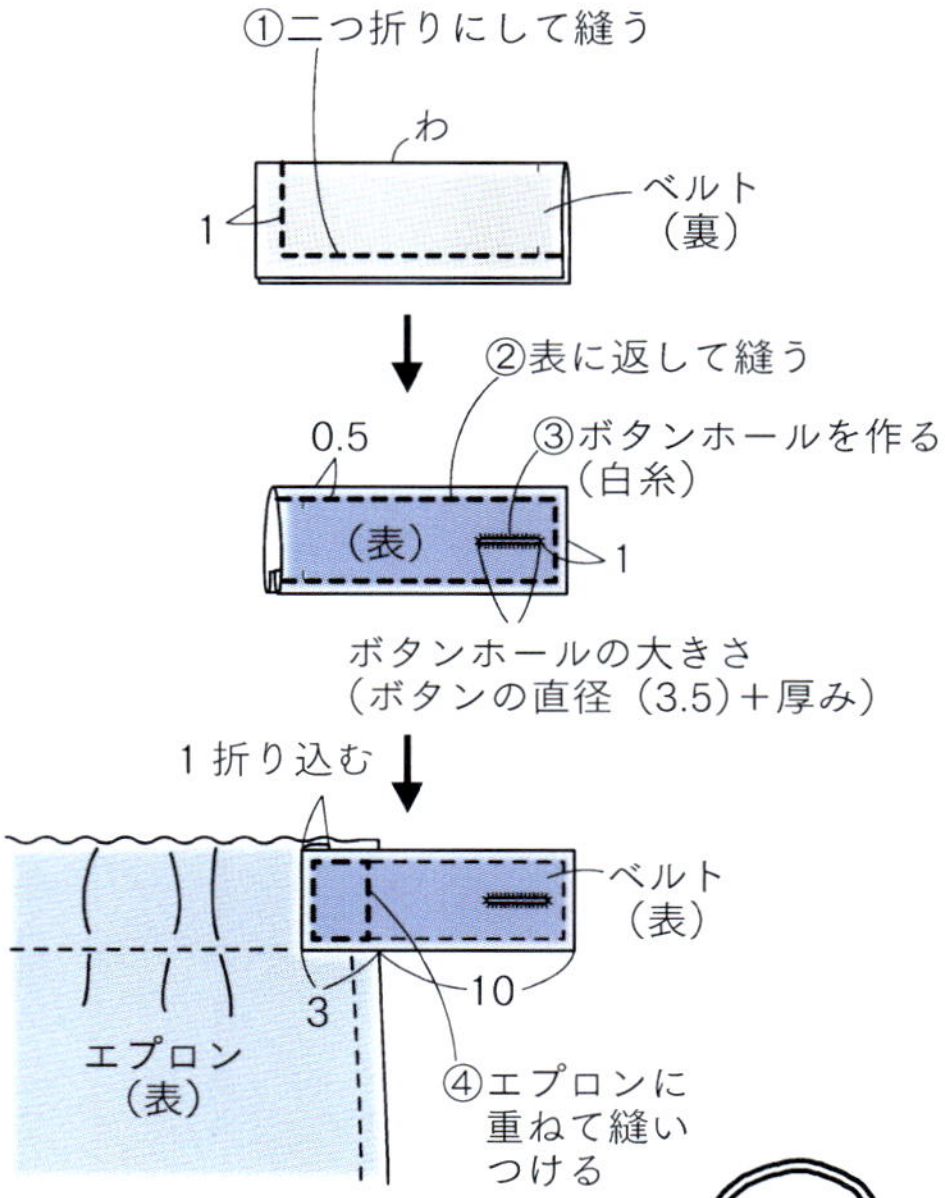

6 ボタンをつける

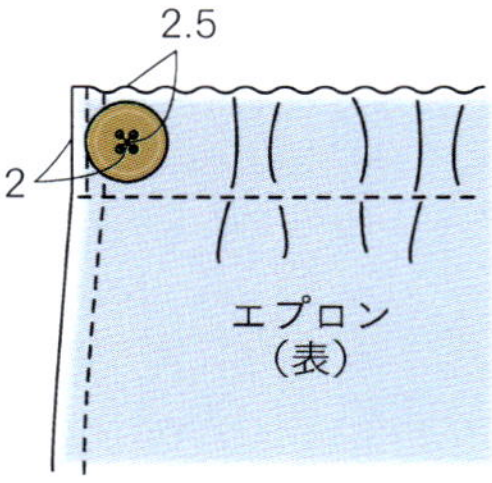

7 飾り布を縫いつける

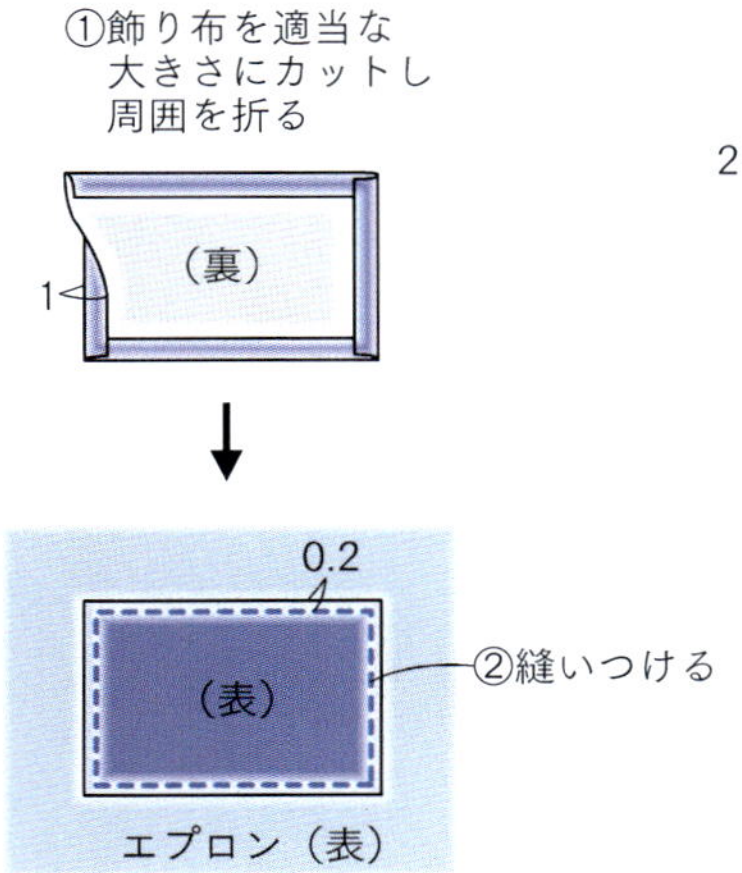

「藍の絣で作った服が多いので、エプロンにもポイントとして藍の布を加えてみました」

もともとは福井の刺し子半纏。状態のいいところだけを利用。暖かいのがうれしい。

継ぎ当てのあるしょうゆのしぼり袋を、そのまま使って。使い込んだ持ち味が魅力。

つなぎ合わせたり、継ぎを当てたりした布の色合わせが絶妙。おしゃれ感の漂う一枚。

材料の古布が違えばエプロンの表情もこんなに変わります

「この古布を使ったエプロンは、『ほしい！』というかたが多くて。人気者なんです」

と堀内さん。

身につけただけで、いつもの部屋着やふだん着の印象がガラリと変化。ウエストがゴムなので、厚着をした上からもつけることができる。しかも、ボタンで留めるから着脱がかんたん――。なるほど、おしゃれで働き者の女性たちが注目するのも、当然といえば当然です。

「あちこちに継ぎ当てのある着物、大きな布が裏から重ねられた半纏《はんてん》などを使って縫ったエプロンは、暖かいから、冬の台所仕事にもぴったりです」

服を作るには少し量が足りないという古布でも、エプロンなら大丈夫。すてきな古布を探して、ぜひ作ってみてください。

着物の袖から作る
ぺたんこ布バッグ

折り紙の要領で制作。
何枚も縫って
プレゼントにしても

アクセントになる別布を選んで自分らしい一枚を

古くなった着物の袖で作る手さげ袋。村松さんが、妹さんの持っているバッグをヒントに制作しました。

「基本的な構造は、とてもかんたんです。たとえば折り紙の四隅を中央に持ってくるように、四角い布の4つの端を内側に折り、縫い合わせたものだといえば、わかっていただけるかも」

何も入れていなければペタンとした布なので、折りたたんでバッグに入れて外出。買い物を

底の部分に縫いつける別布は、自分の好みでセレクト。同系色にしたり、反対色を選んだり。無地か柄物かによっても、雰囲気は変わってくる。

したら、このバッグに入れて持ち運ぶことができます。もちろん、旅行にも便利。

「1枚の着物の袖だけで作ってもつまらないので、別布を用意して底や口の部分に縫いつけ、アクセントにしました。『この生地には、どんな別布を合わせるといいかな』と考えるのも楽しいですよ」

少し重いものを入れても破れないように、手縫いではなくミシンで縫い合わせて。持ち手の材料は、合皮でも布でもかまいません。

「1枚完成させたら、布を変えて次々に縫いたくなるはず。お友達や知り合いに贈っても、喜ばれると思います」

中に物を入れると、こんな感じに。ちょこんと突き出た4つの角がかわいい。

バッグの口の部分にも三角の別布をあしらって。チラリと見える内側の布にもこだわりたい。

シックな着物地に、型染めの別布をプラス。上品でどこか華やいだ布バッグが誕生。

ぺたんこ布バッグ

でき上がりサイズ
約45×45cm

材料

木綿の着物をほどいたもの…袖2枚（身ごろなら1枚）を2種類
別布…36cm幅×40cm
スナップボタン…直径1.7cmを1組
合皮…30cm幅×40cm　糸…着物と同系色の糸

作り方アドバイス

袋布はほどいた着物の布幅いっぱいを利用します。持ち手は合皮を使っていますが、布でもよいでしょう。

仕立てはミシンで縫っています。

裁ち方

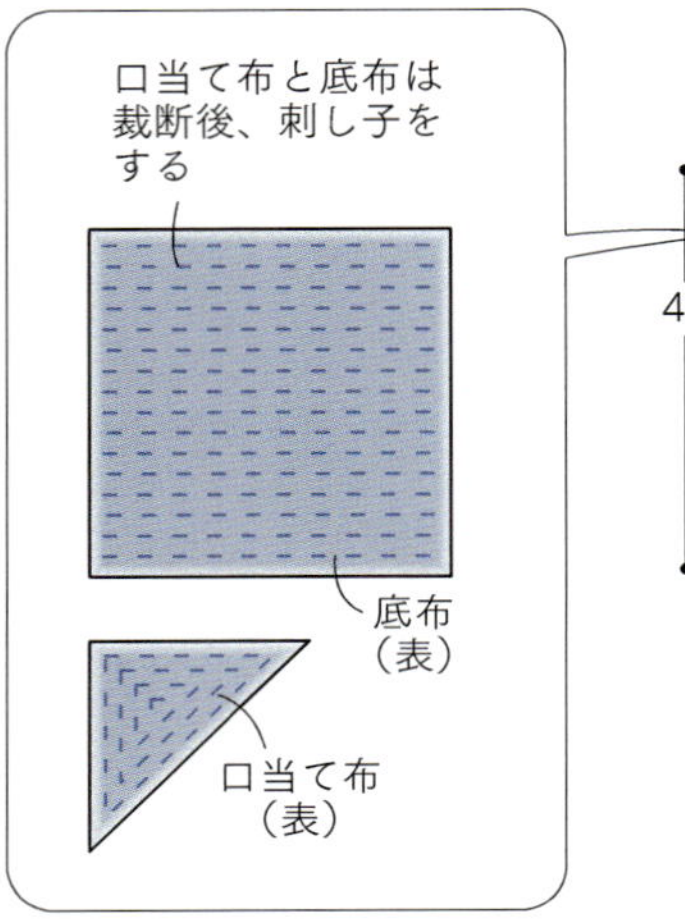

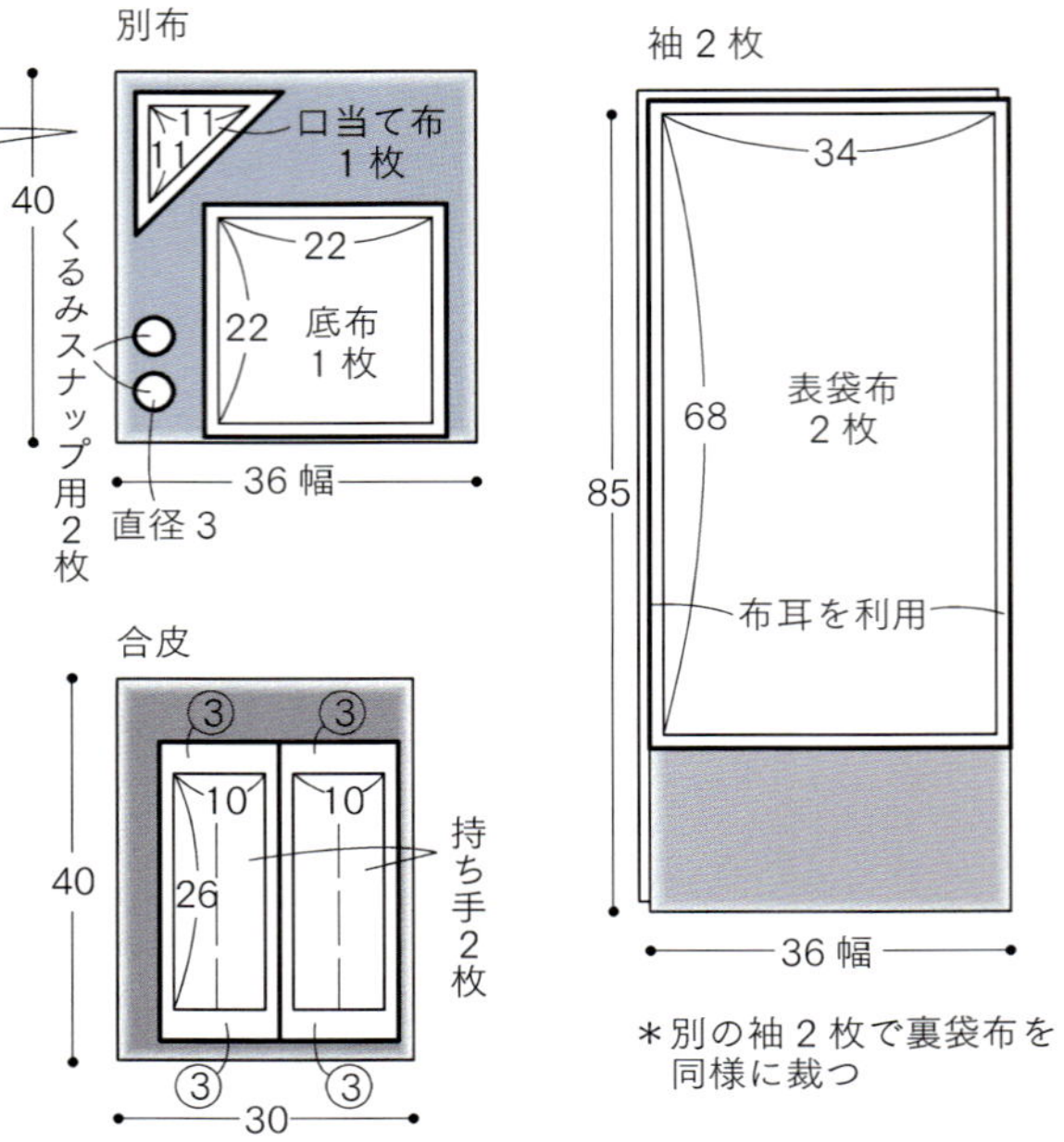

＊別の袖2枚で裏袋布を同様に裁つ

＊布に直接線を引いて裁つ
＊図中の単位はcm
＊◯内の数字は縫いしろ
＊指定以外の縫いしろは1cm

縫い方順序

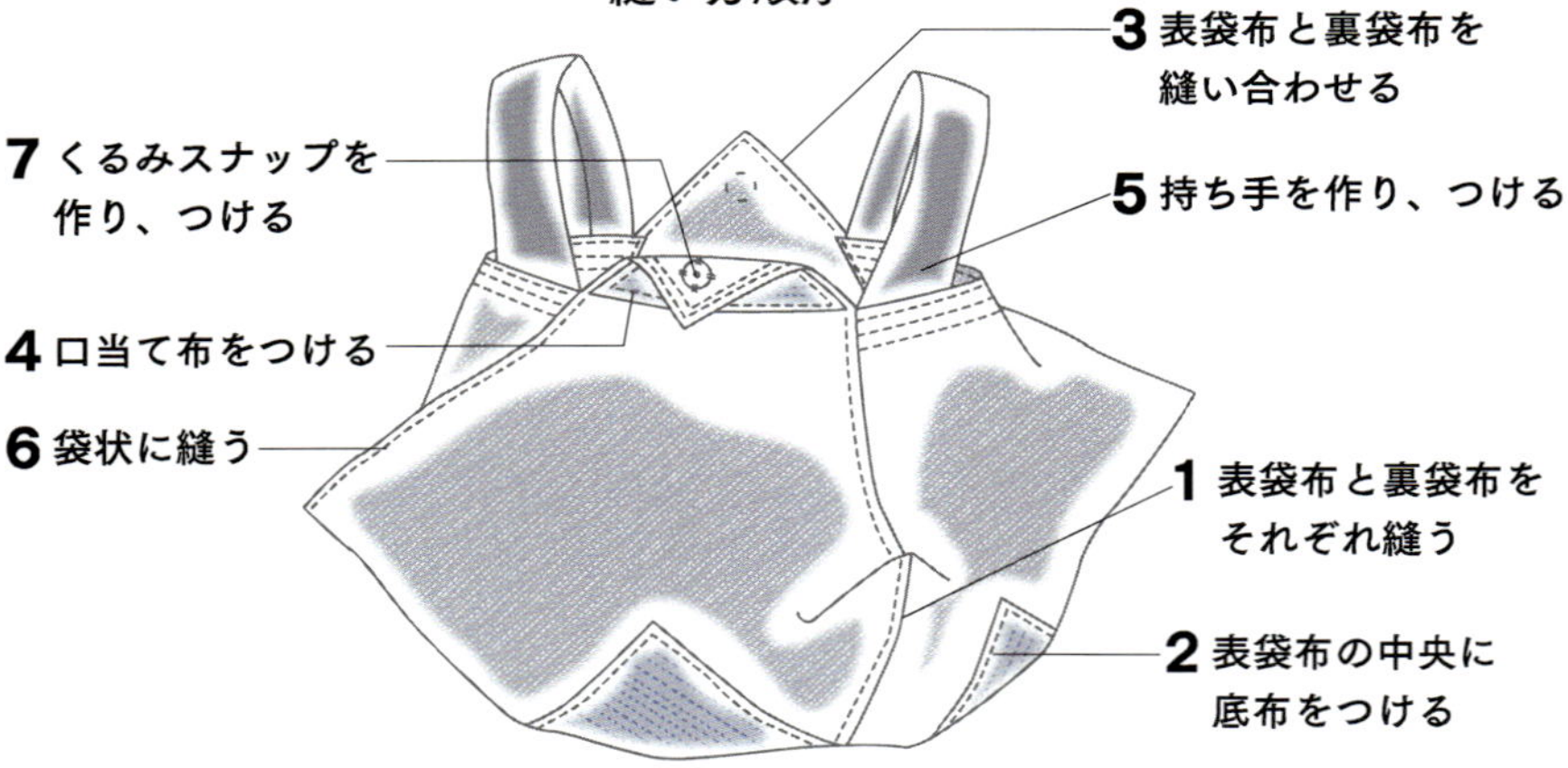

1 表袋布と裏袋布をそれぞれ縫う

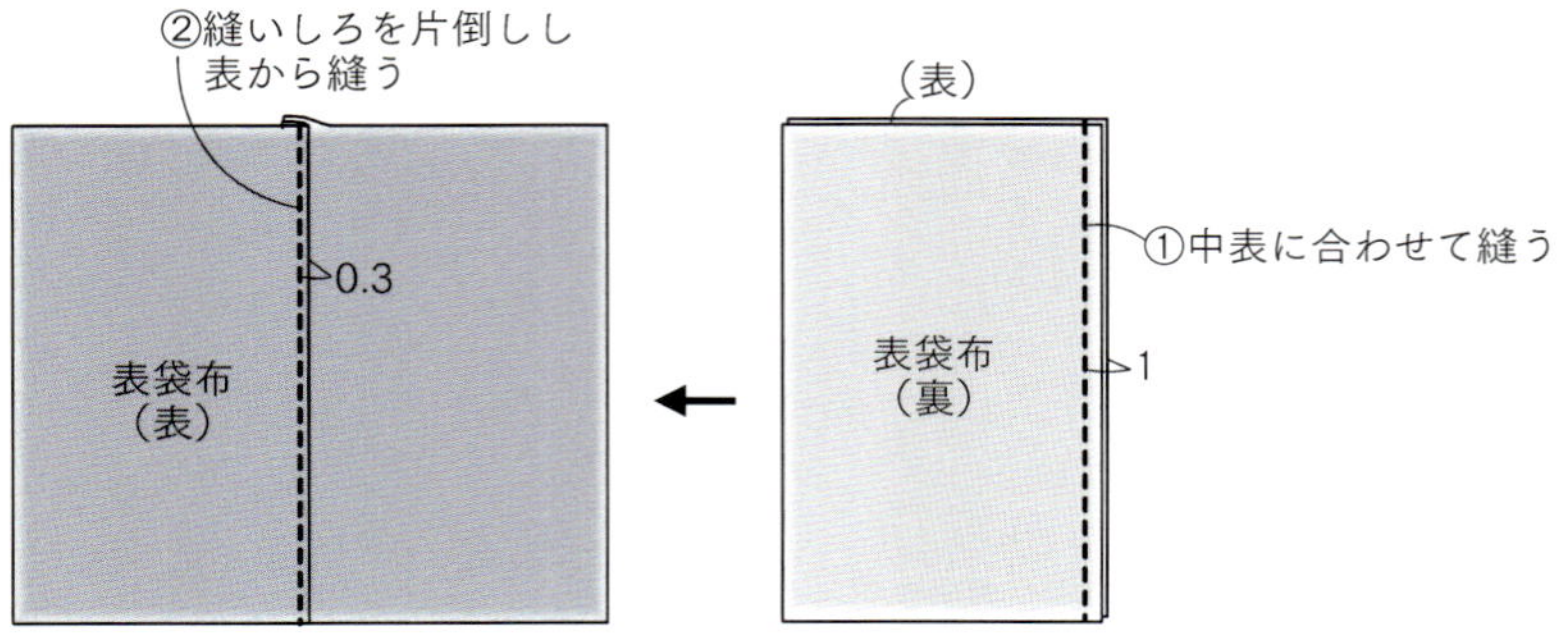

＊裏袋布も同様に縫う

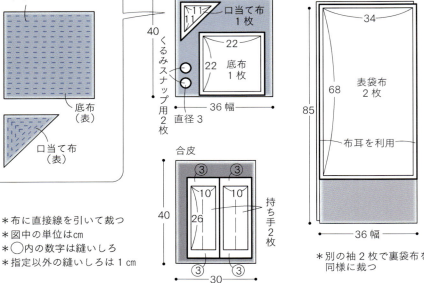

2 表袋布の中央に底布をつける

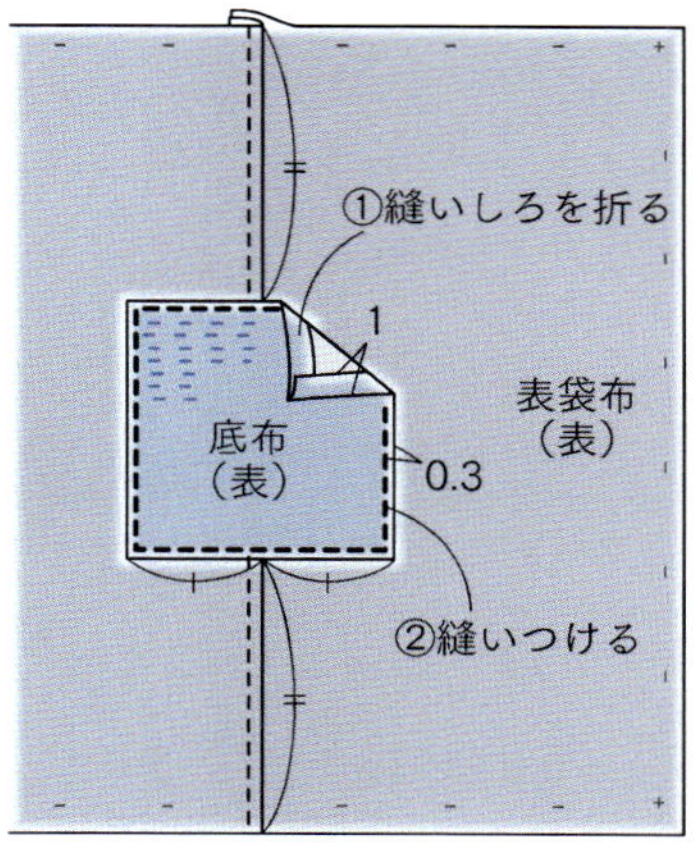

3 表袋布と裏袋布を縫い合わせる

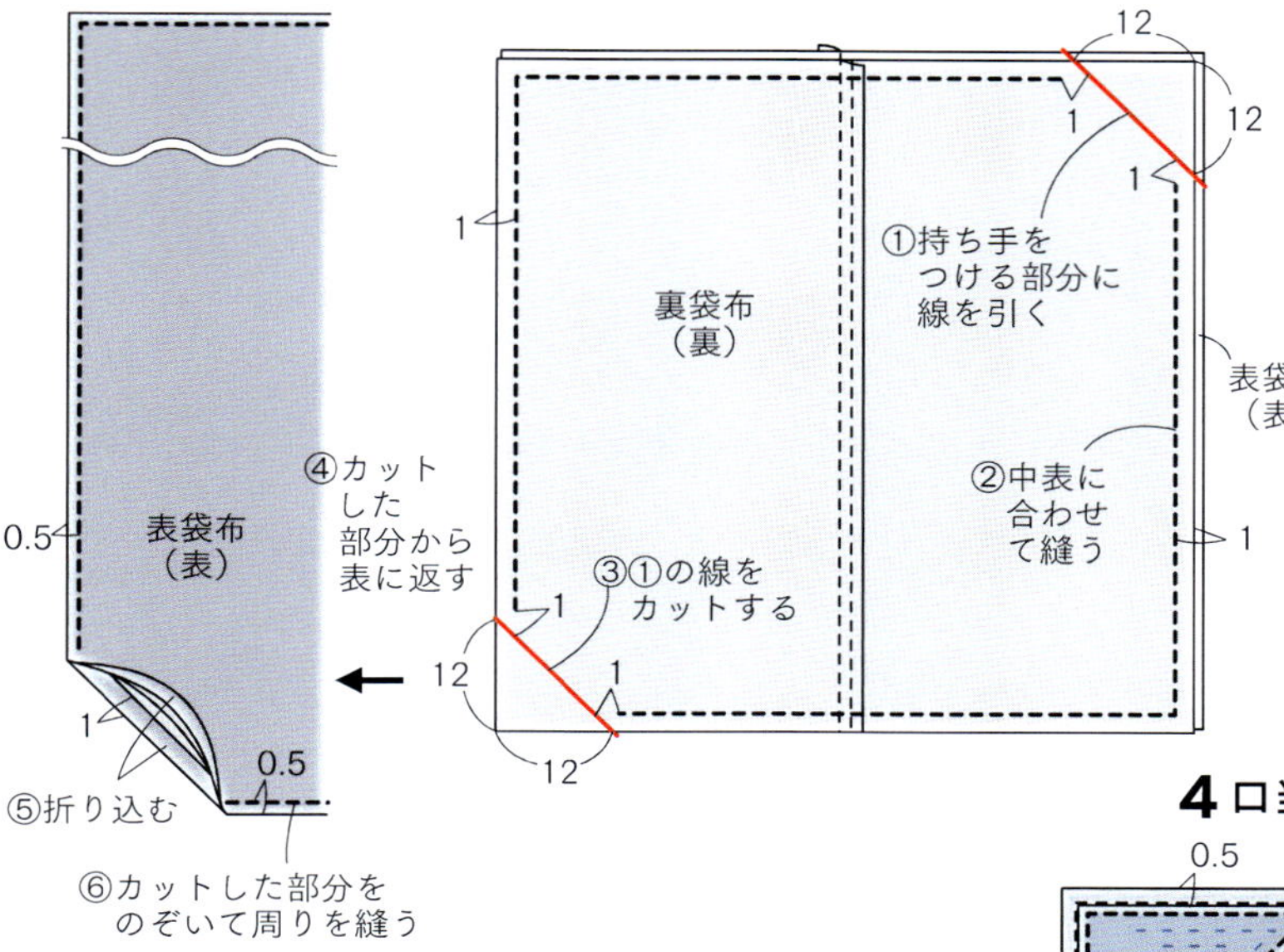

4 口当て布をつける

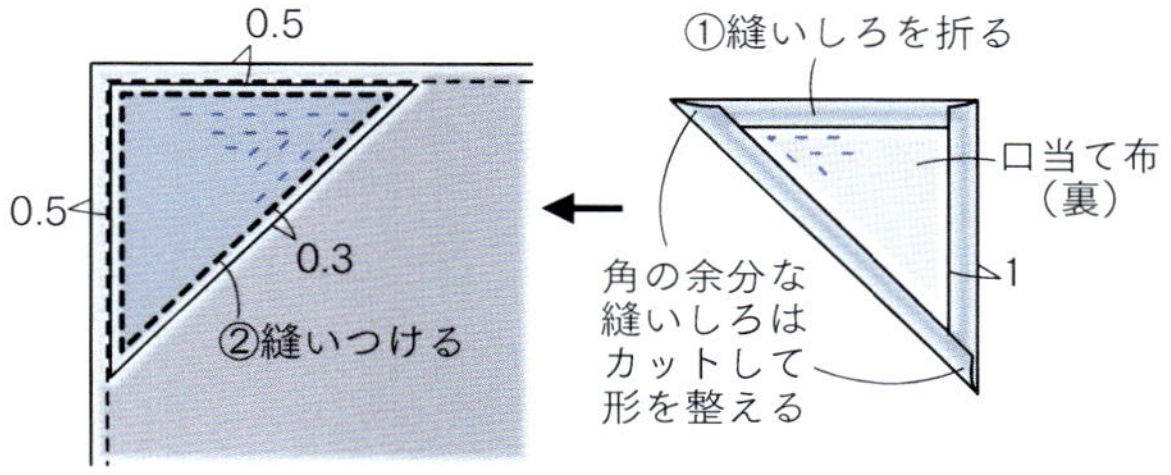

5 持ち手を作り、つける

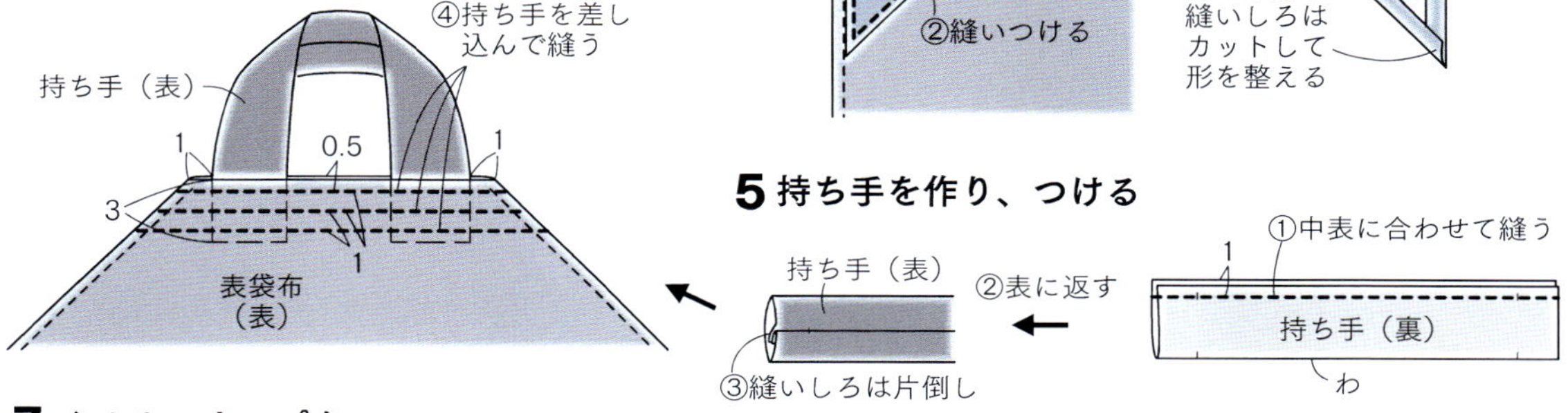

6 袋状に縫う

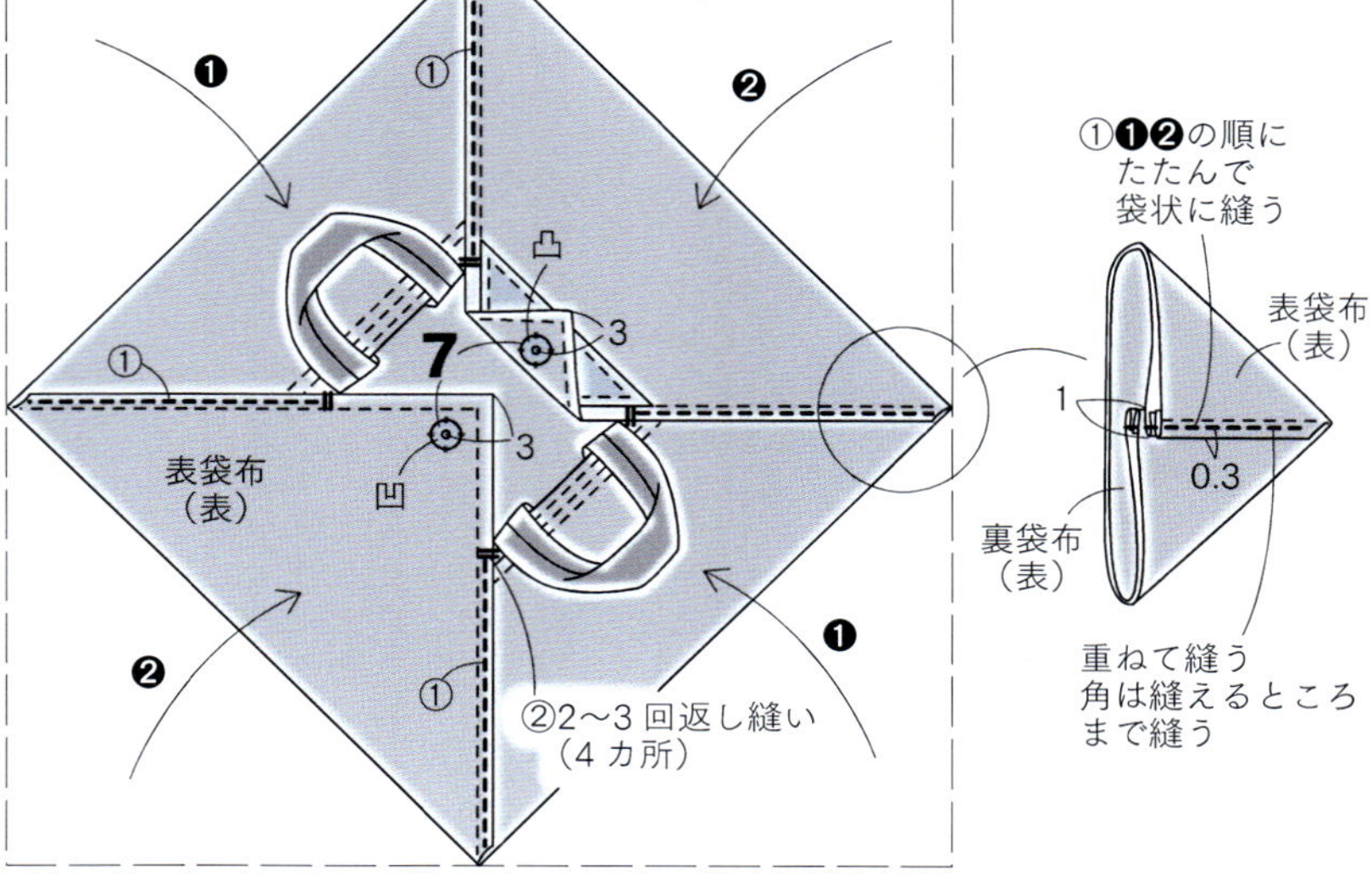

7 くるみスナップを作り、つける

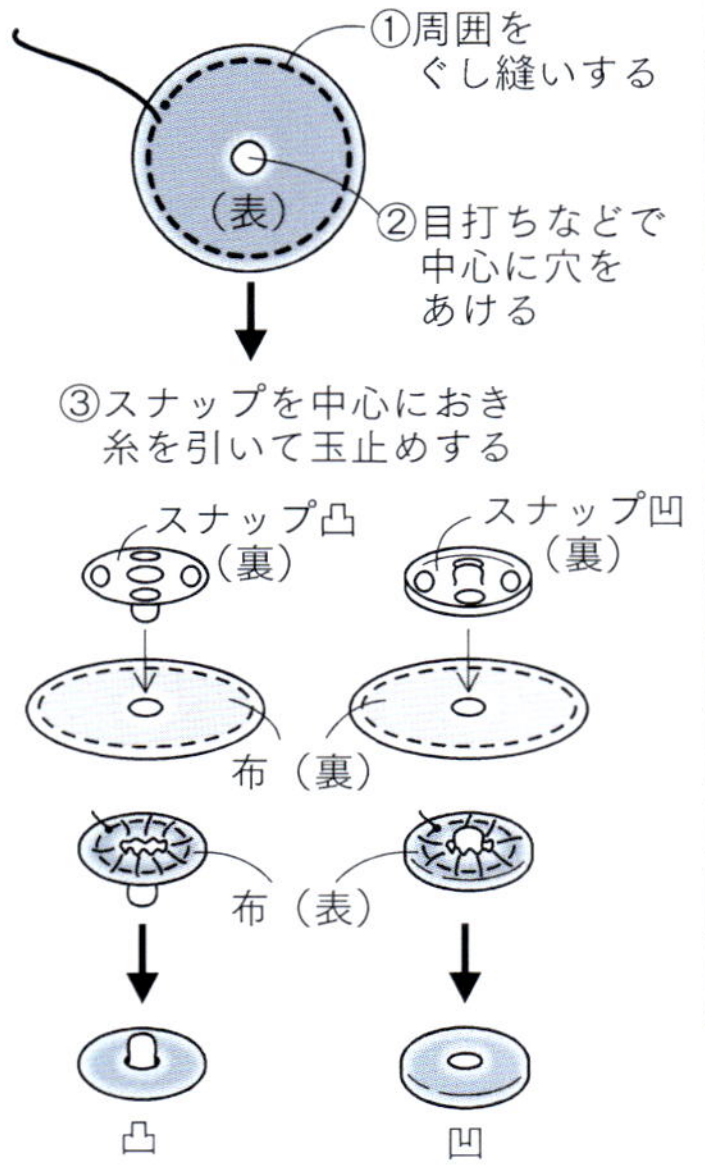

涼しくて肌ざわり着心地が抜群！

かつて日本の夏には欠かせない存在だった浴衣。もし家のたんすに眠っているものがあれば、洋服にリメイクして、活用することをおすすめします。Tシャツならぬ Tブラウスだったら、むずかしくありません。

「身幅はゆったり、丈は短めにすると、合わせやすいし、おしゃれです。脇には少しスリットを入れ、前身ごろより後ろ身ごろを長めにしてみました」

浴衣なので肌ざわりがよく、涼しいのもうれしい。

「ボリュームのあるスカートと相性のいいブラウスです」

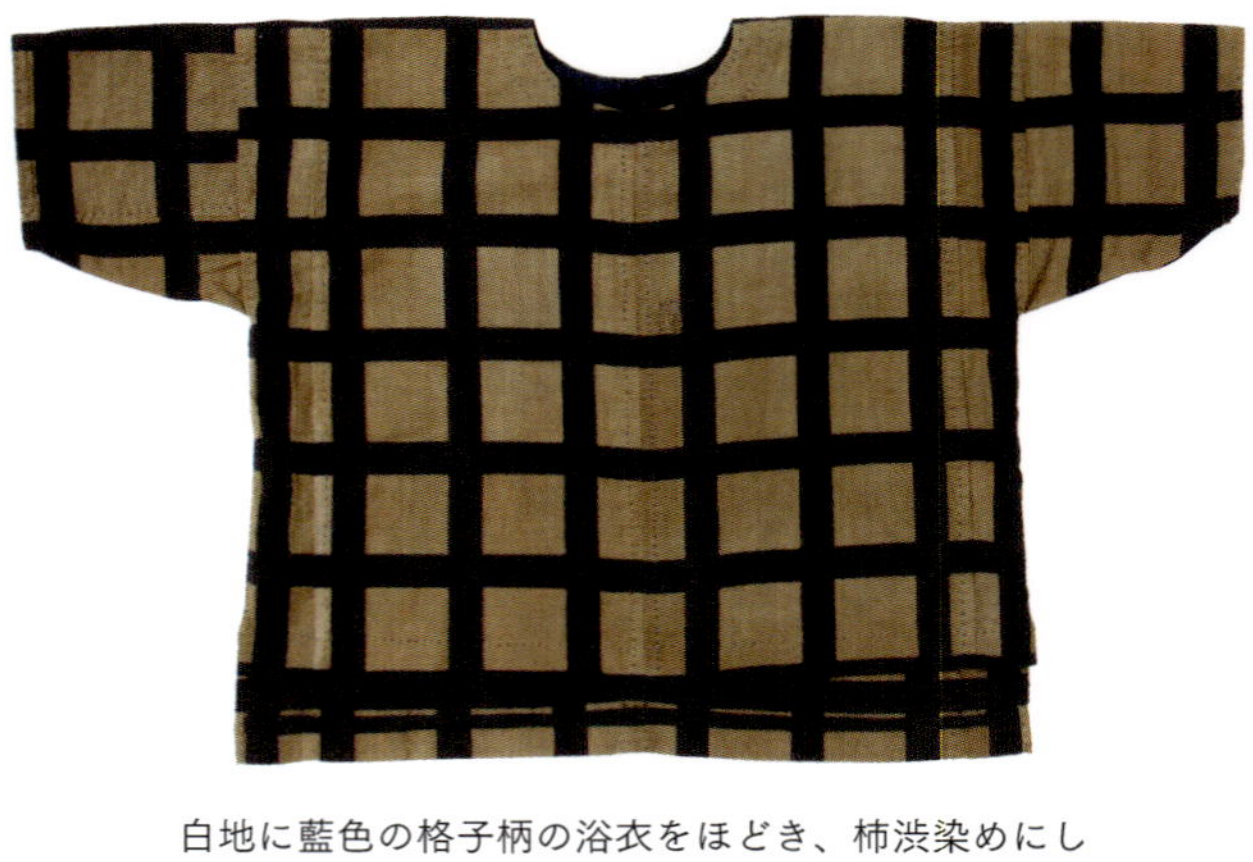

白地に藍色の格子柄の浴衣をほどき、柿渋染めにしたものが材料。前身ごろの丈を短めにして現代的に。

右のブラウスのアレンジバージョン。スタンドカラー＆長袖にすると、カジュアル感が薄まる。

洗いざらした
木綿の質感が、
この上なく心地いい

浴衣から作る
Tブラウス

「ゆったりしているので、風も通って、涼しさを実感できます」

Tブラウス

できあがりサイズ
着丈
（肩から後ろ裾まで）
57cm
身幅 58cm
袖丈 16cm

材料
浴衣をほどいたもの…1着分
並縫いの糸…着物と同系色の糸
スナップボタン…直径1cmを3組

作り方アドバイス
身ごろ・袖はほどいた着物の布幅を利用します。布の耳以外で、布端のほつれが気になる場合はジグザグミシンで始末します。

裁ち方

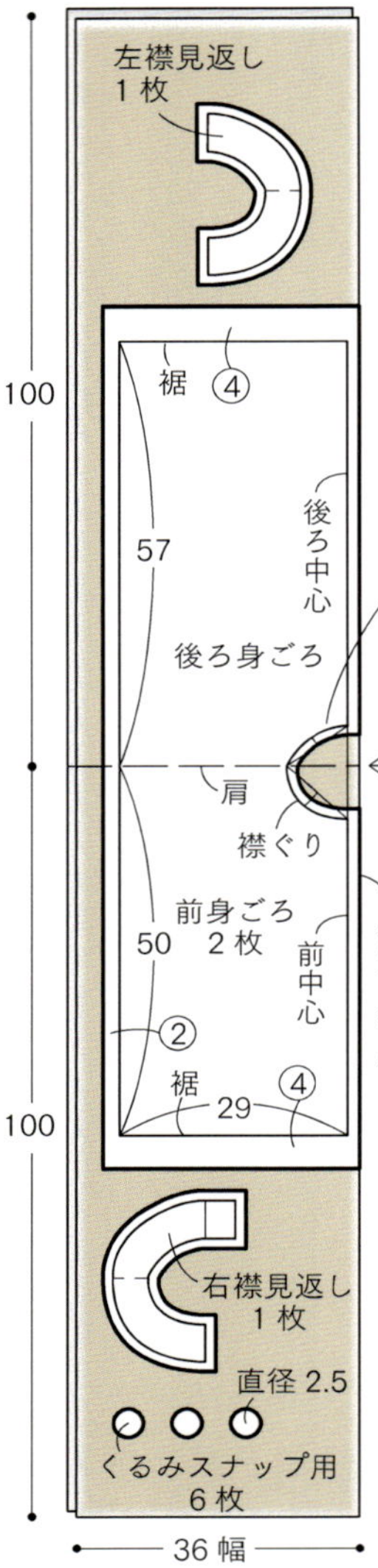

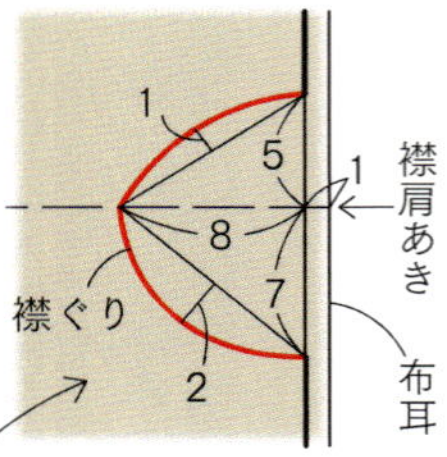

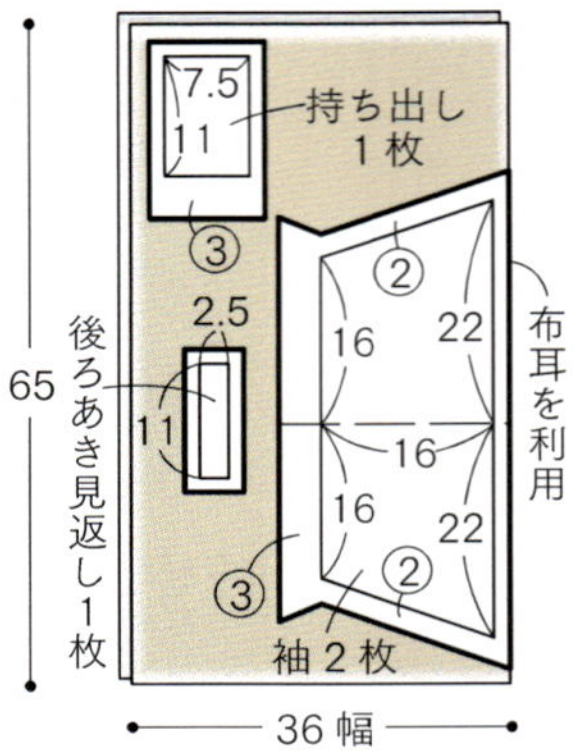

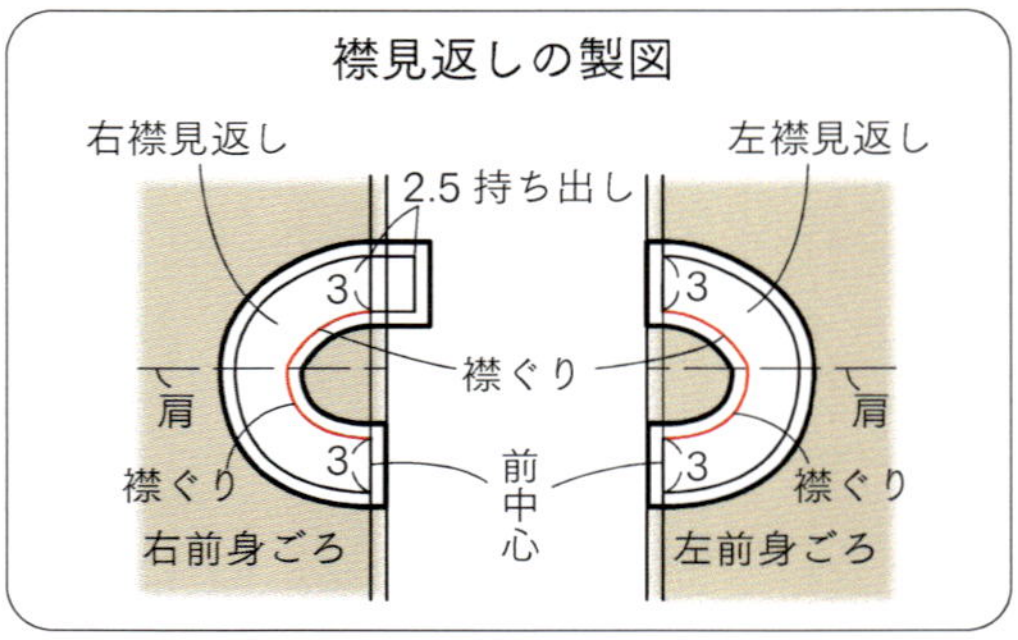

＊襟見返し以外は着物の各パーツに直接線を引いて裁つ
＊襟見返しは身ごろの襟ぐりのカーブを写して線を引き、右襟見返しに持ち出しをつけ縫いしろをつける
＊図中の単位はcm
＊◯内の数字は縫いしろ
＊指定以外の縫いしろは1cm

縫い方順序

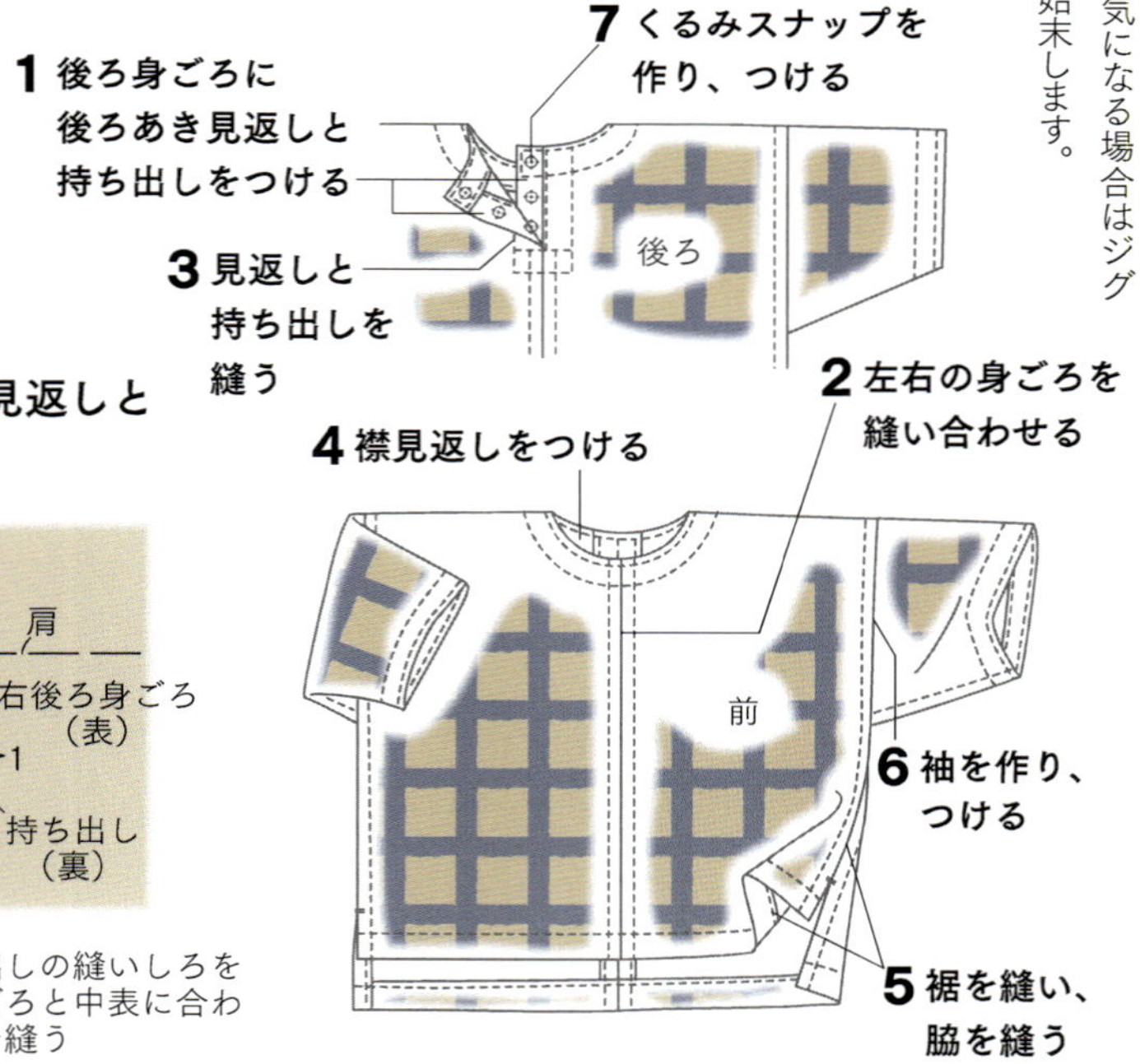

1 後ろ身ごろに後ろあき見返しと持ち出しをつける

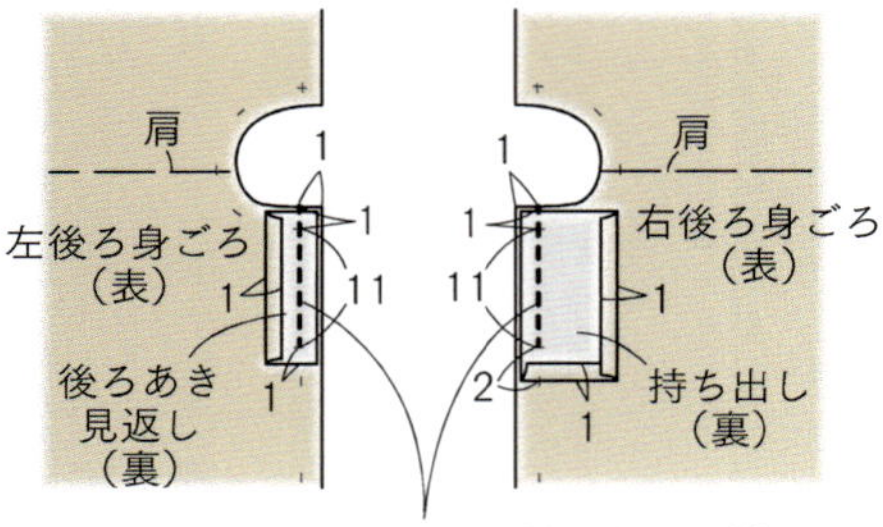

見返しと持ち出しの縫いしろを折り、後ろ身ごろと中表に合わせて後ろ中心を縫う

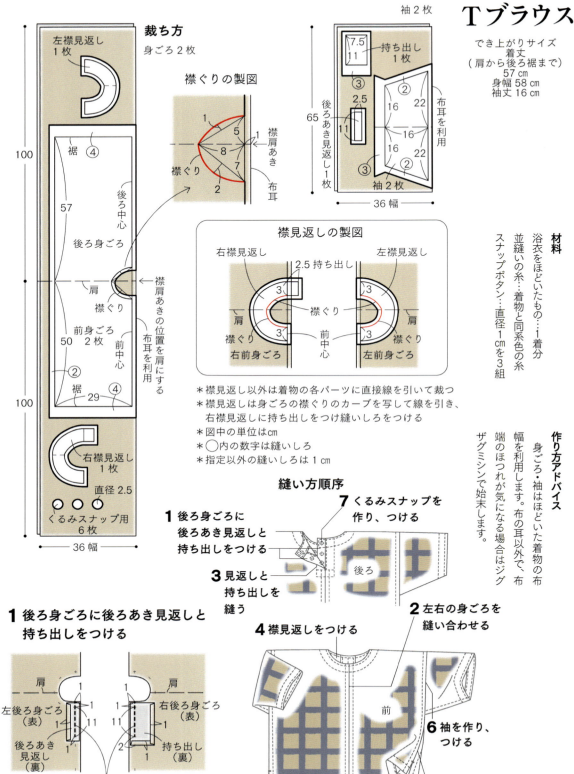

2 左右の身ごろを縫い合わせる

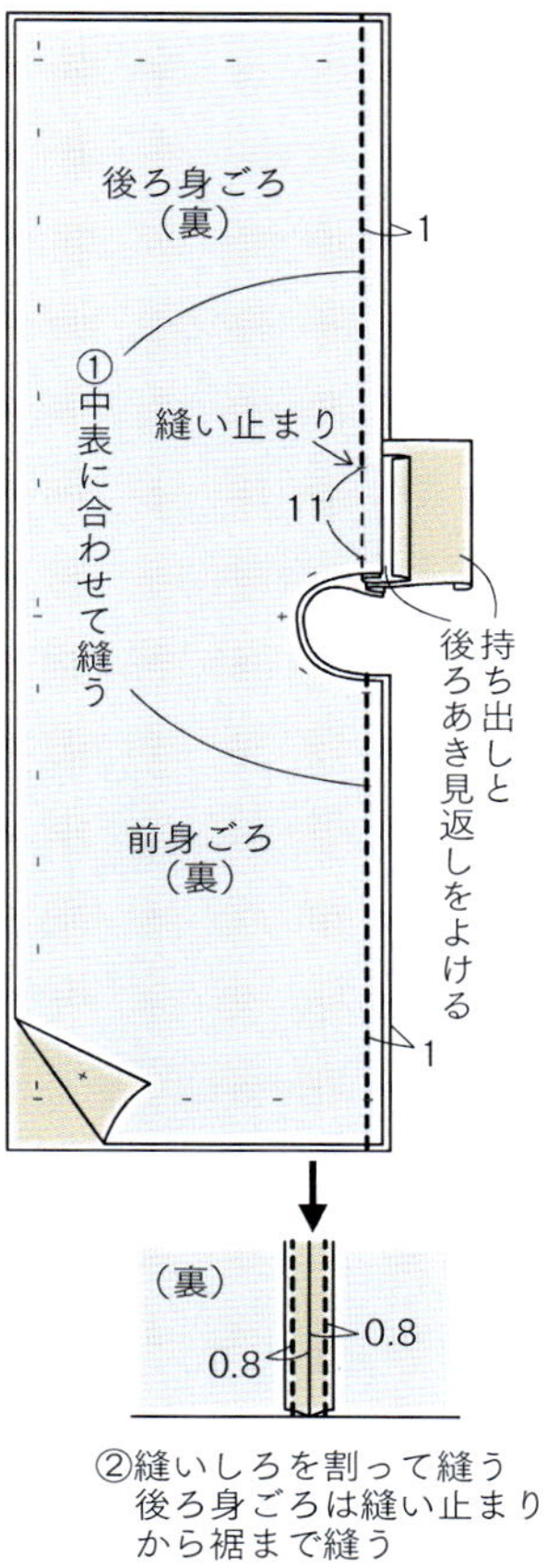

3 見返しと持ち出しを縫う

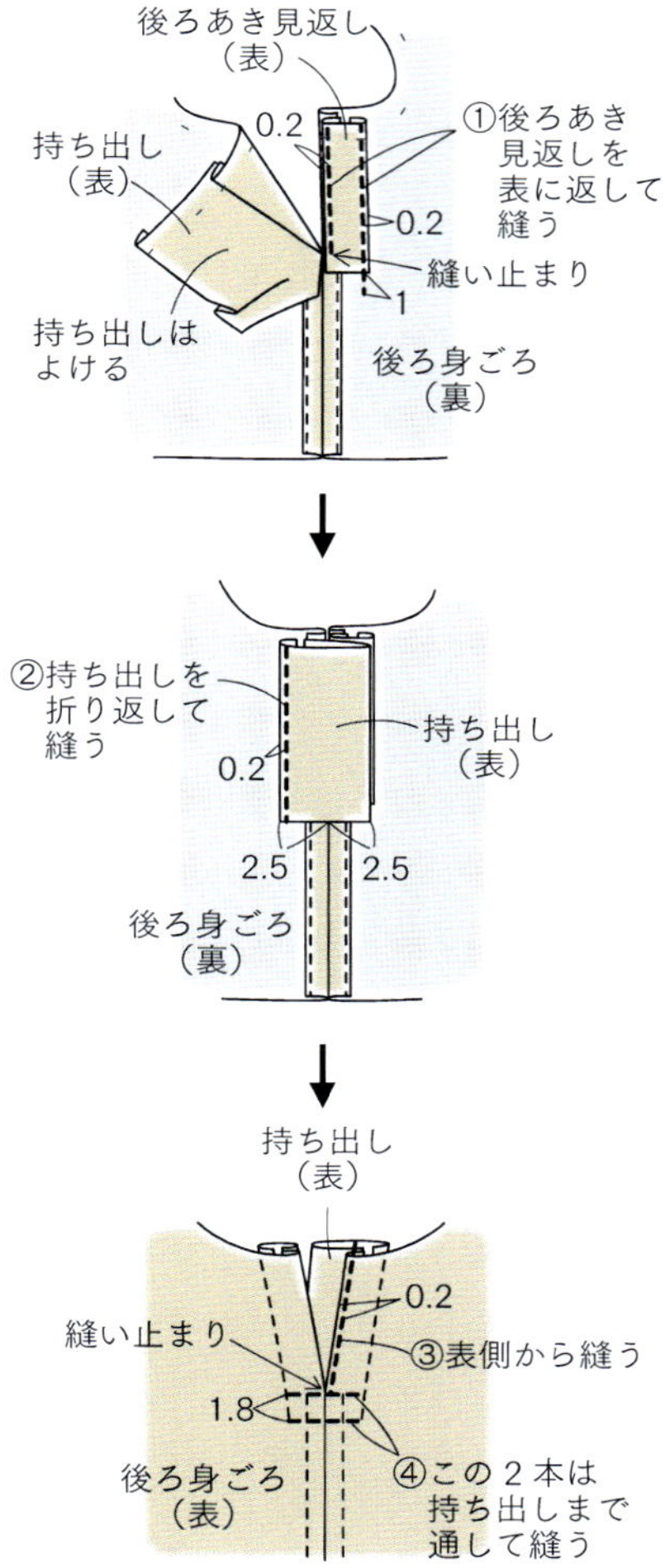

4 襟見返しをつける

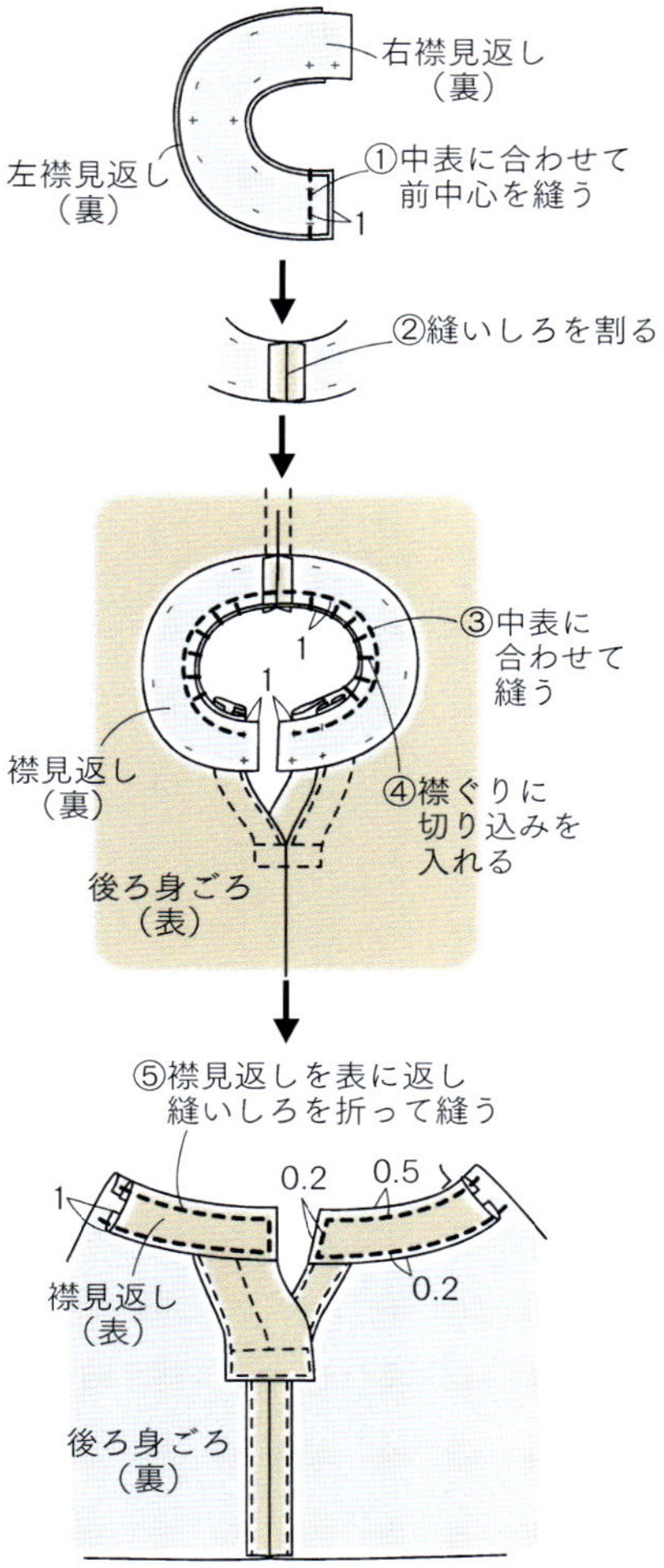

5 裾を縫い、脇を縫う

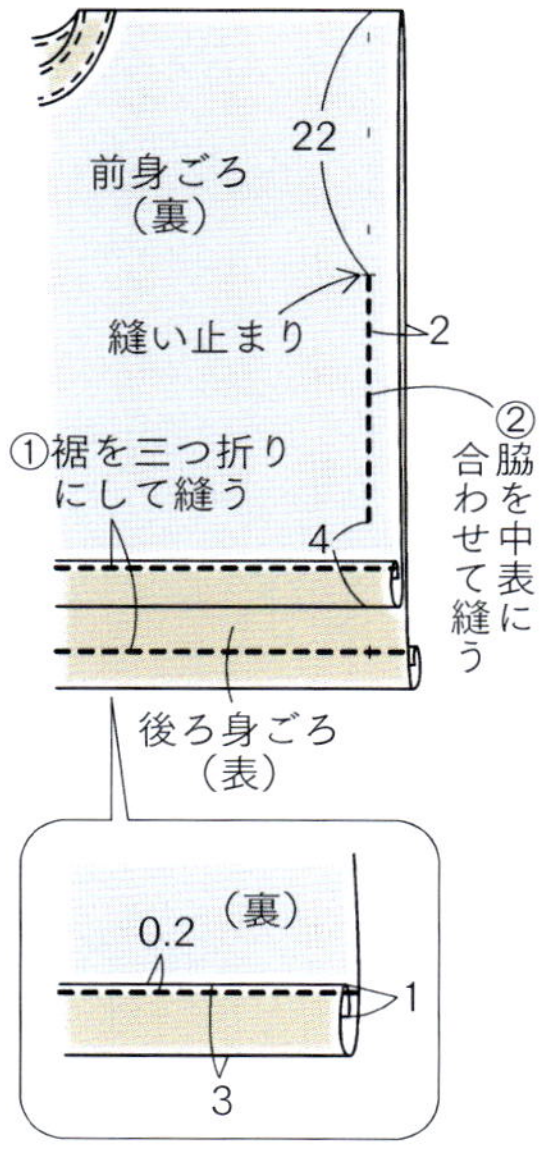

6 袖を作り、つける

袖の作り方とつけ方は
p.67（ワンピース長袖）- **6** -①～④参照

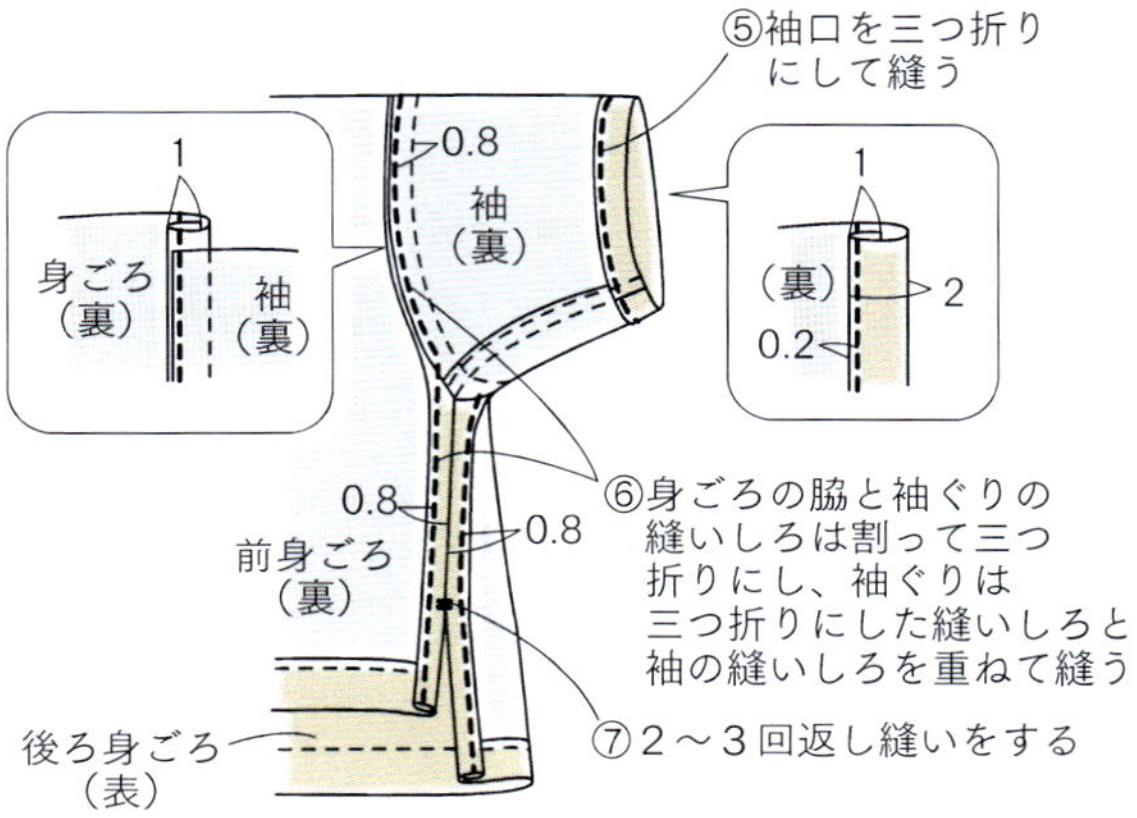

7 くるみスナップを作り、つける

くるみスナップの作り方は
p.55（バッグ）- **7** 参照

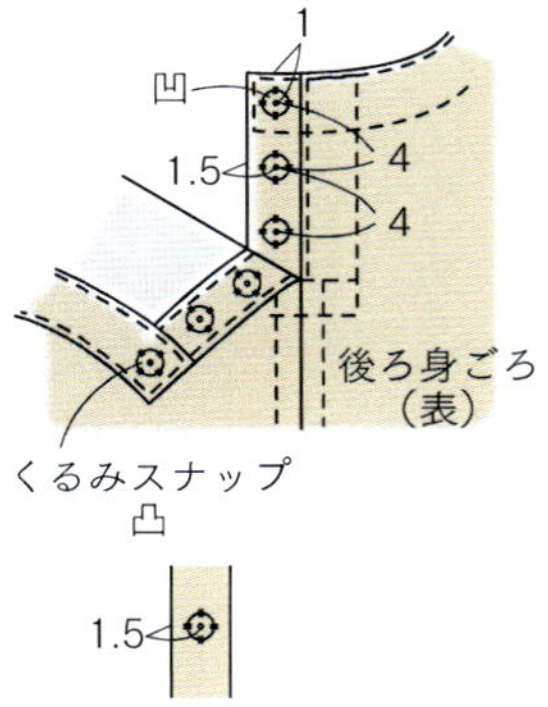

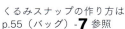

着物から作る スカート

繕った跡を見せることで表情豊かな一枚に

揺れる裾に散ったブルー系の端切れがこの上なく印象的

「古布には、たくさん継ぎ当てがあったりしますが、その繕いこそがすてきだったり、いい味を出していたりします。だから、あえて古布の裏側を表にして、服に仕立てることも珍しくありません」

このスカートも、継ぎ当てを生かしたもの。

「同じような古布を探すのは大変だと思うので、飾り布をアップリケしてみてください」

たくさん継ぎ当てのある古布を８枚はぎのスカートに。ウエストにタックを入れて広がりすぎを防いだ。

「スカートを手縫いする際には、自分で藍染めした糸を使いました」

スカート

でき上がりサイズ
スカート丈 80 cm
ウエスト 65〜75 cm
（ウエストに合わせて
ゴムで調節）

材料

木綿の着物をほどいたもの…1着分
飾り布…適宜
ゴムテープ…2.5cm幅 ×77cm（ウエストに合わせて調節）
並縫いの糸…着物・飾り布と同系色の糸、白糸

作り方アドバイス

襟肩あきと肩の部分はあらかじめはいでから裁断します。スカート布はほどいた着物の布幅いっぱいを利用します。布の耳以外で、布端のほつれが気になる場合はジグザグミシンで始末します。

スカートを仕上げたら、飾り布を適当な大きさにカットして好みの位置に配置し、布と同色の糸で縫いつけます。

裁ち方

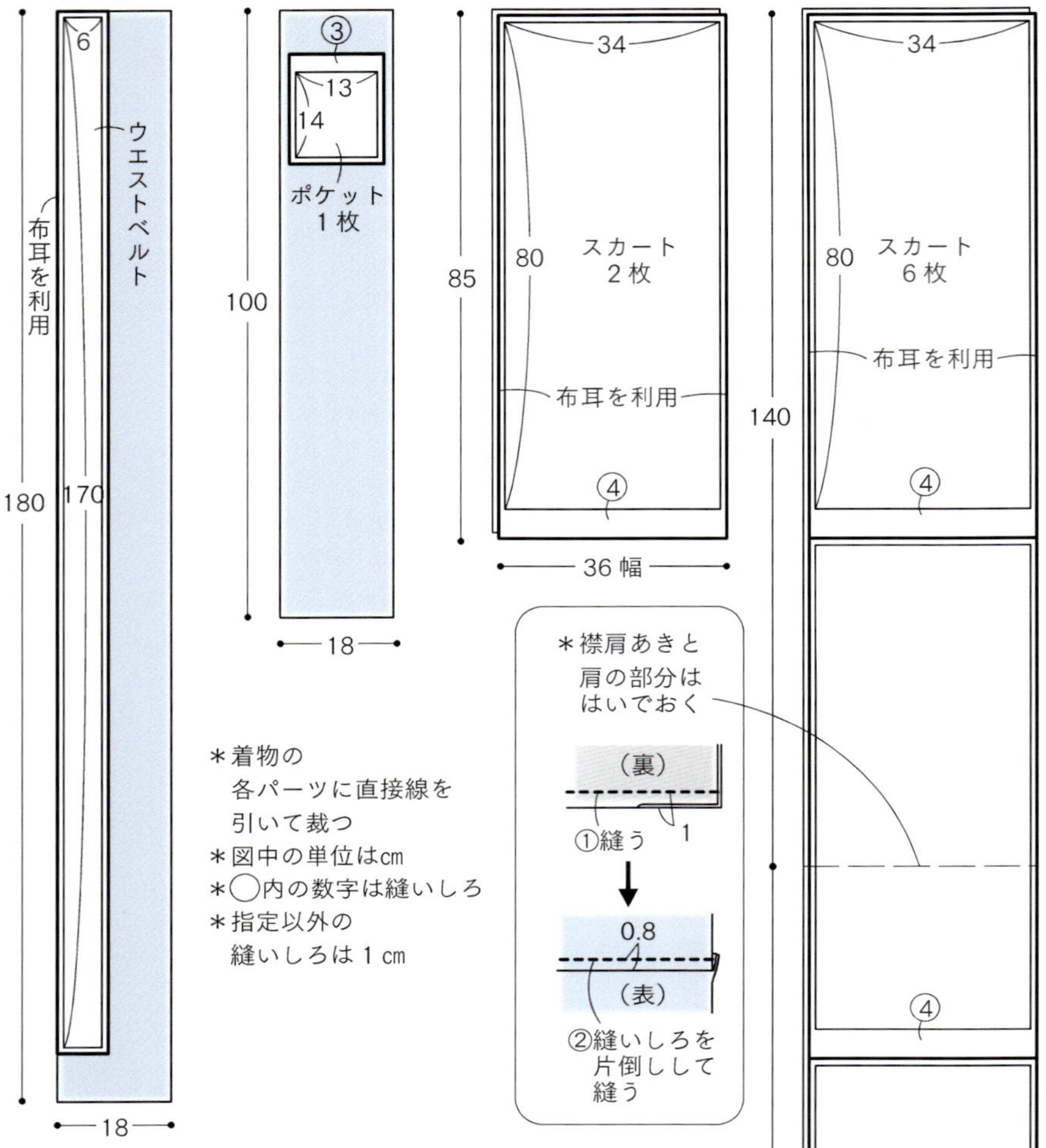

＊着物の
各パーツに直接線を
引いて裁つ
＊図中の単位はcm
＊◯内の数字は縫いしろ
＊指定以外の
縫いしろは 1 cm

縫い方順序

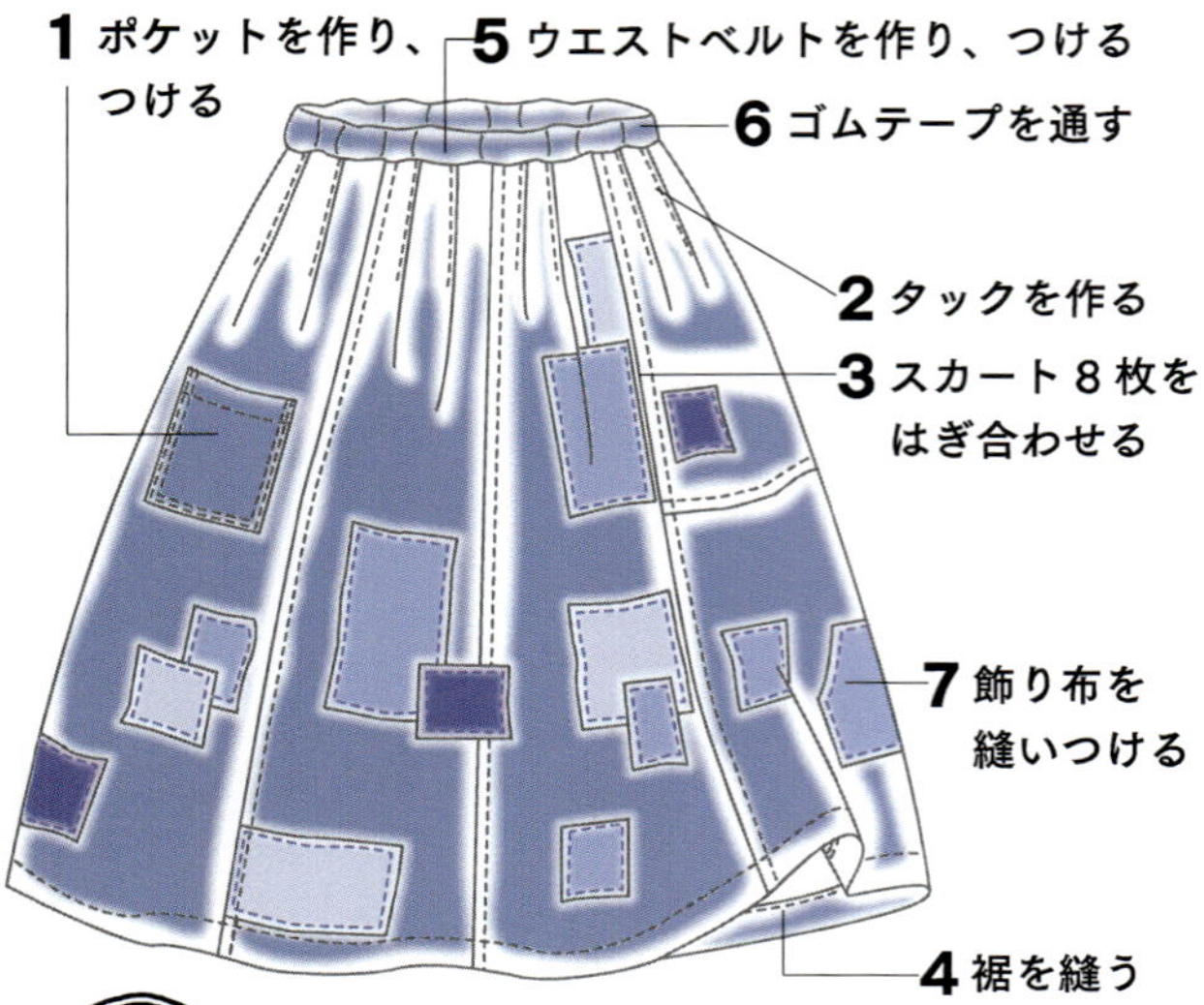

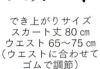

1 ポケットを作り、つける

＊スカートの仕立ては白糸で縫う

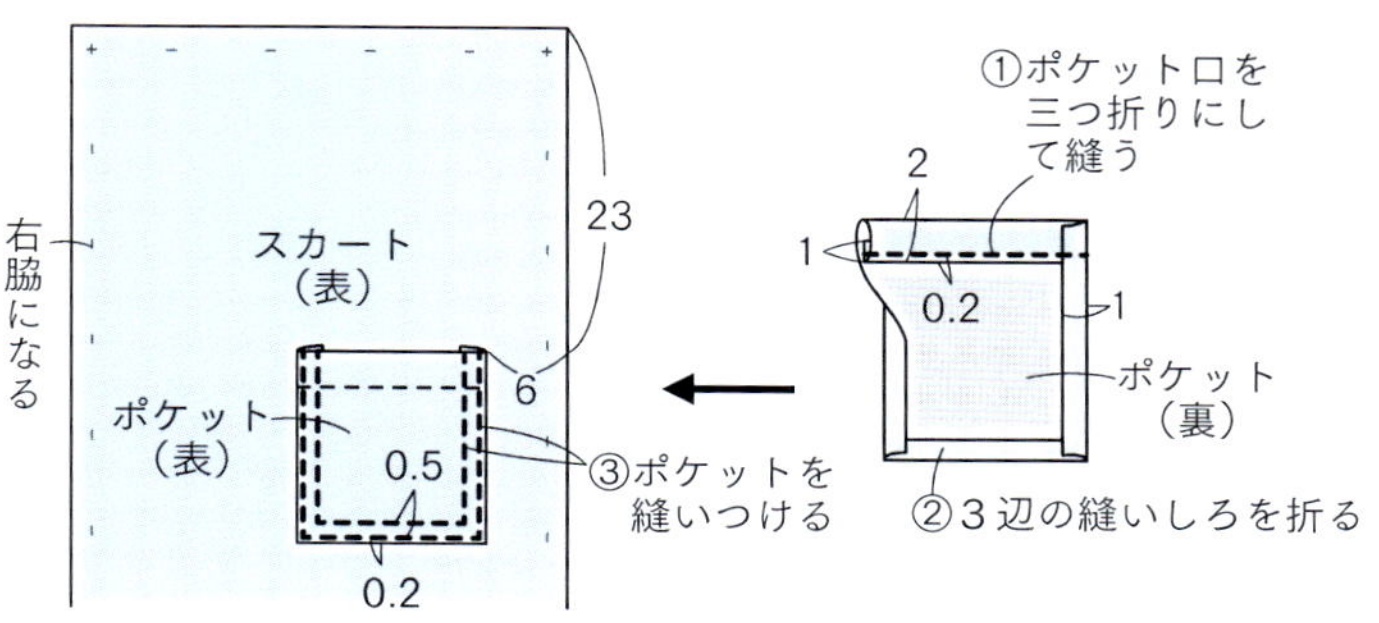

2 タックを作る

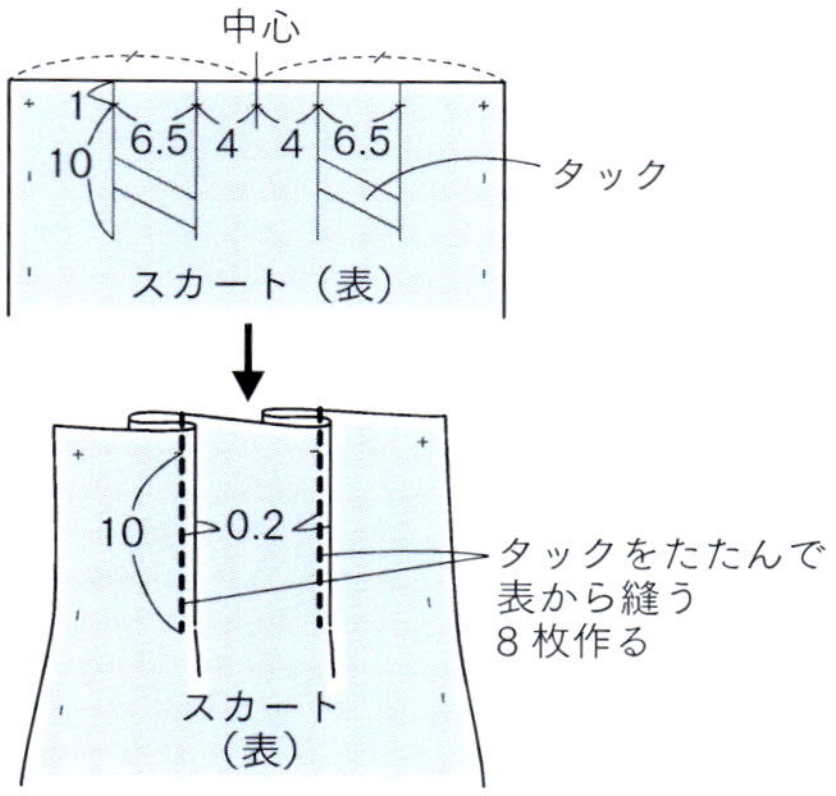

3 スカート8枚をはぎ合わせる

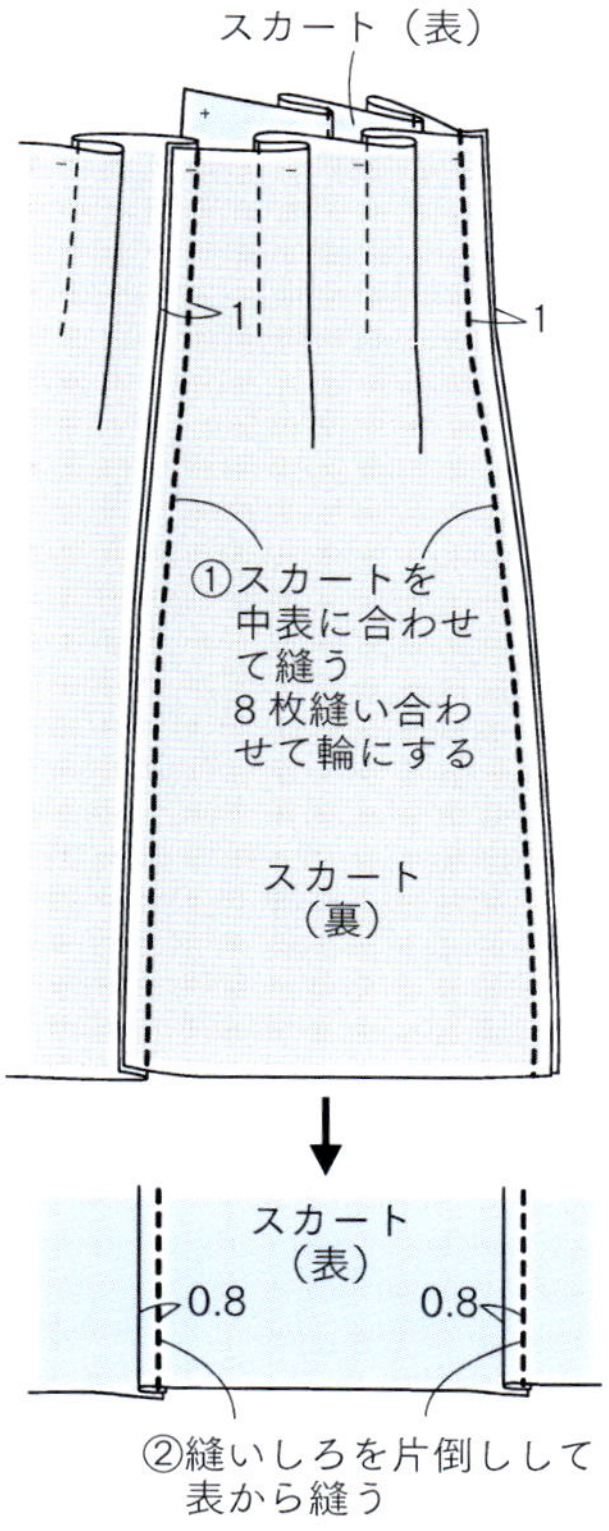

4 裾を縫う

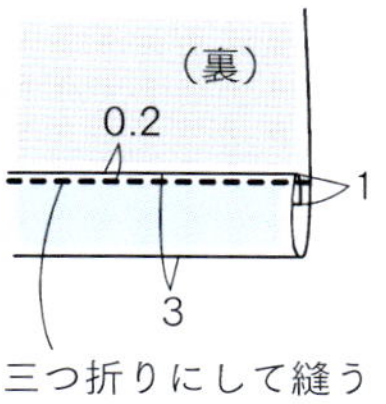

5 ウエストベルトを作り、つける

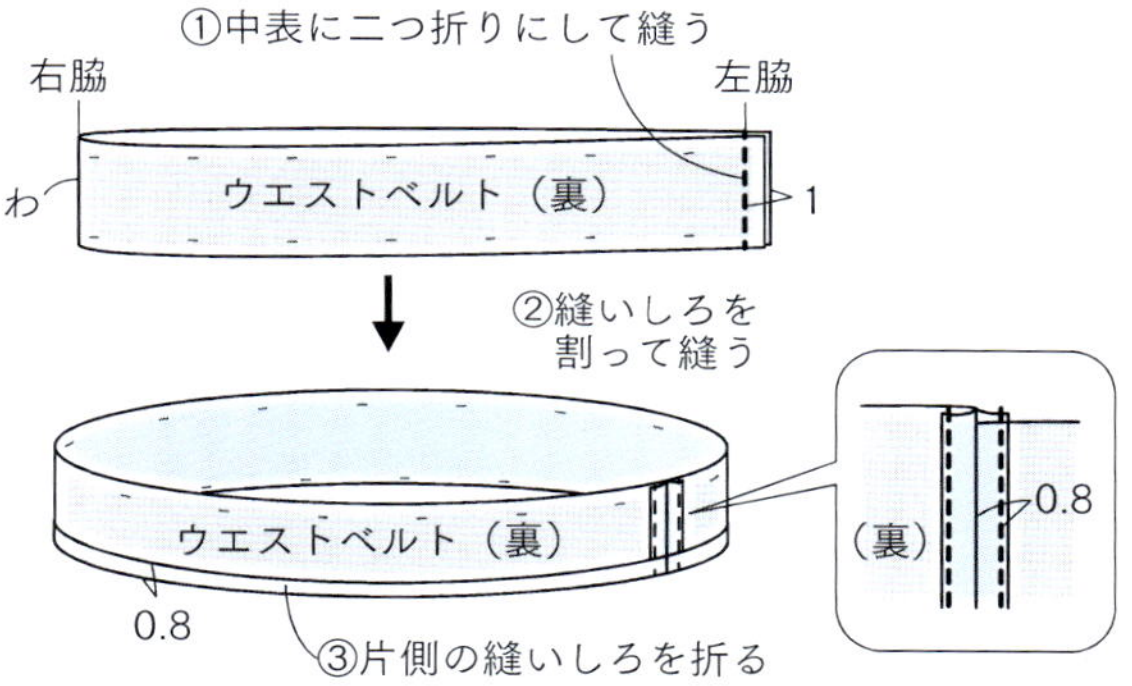

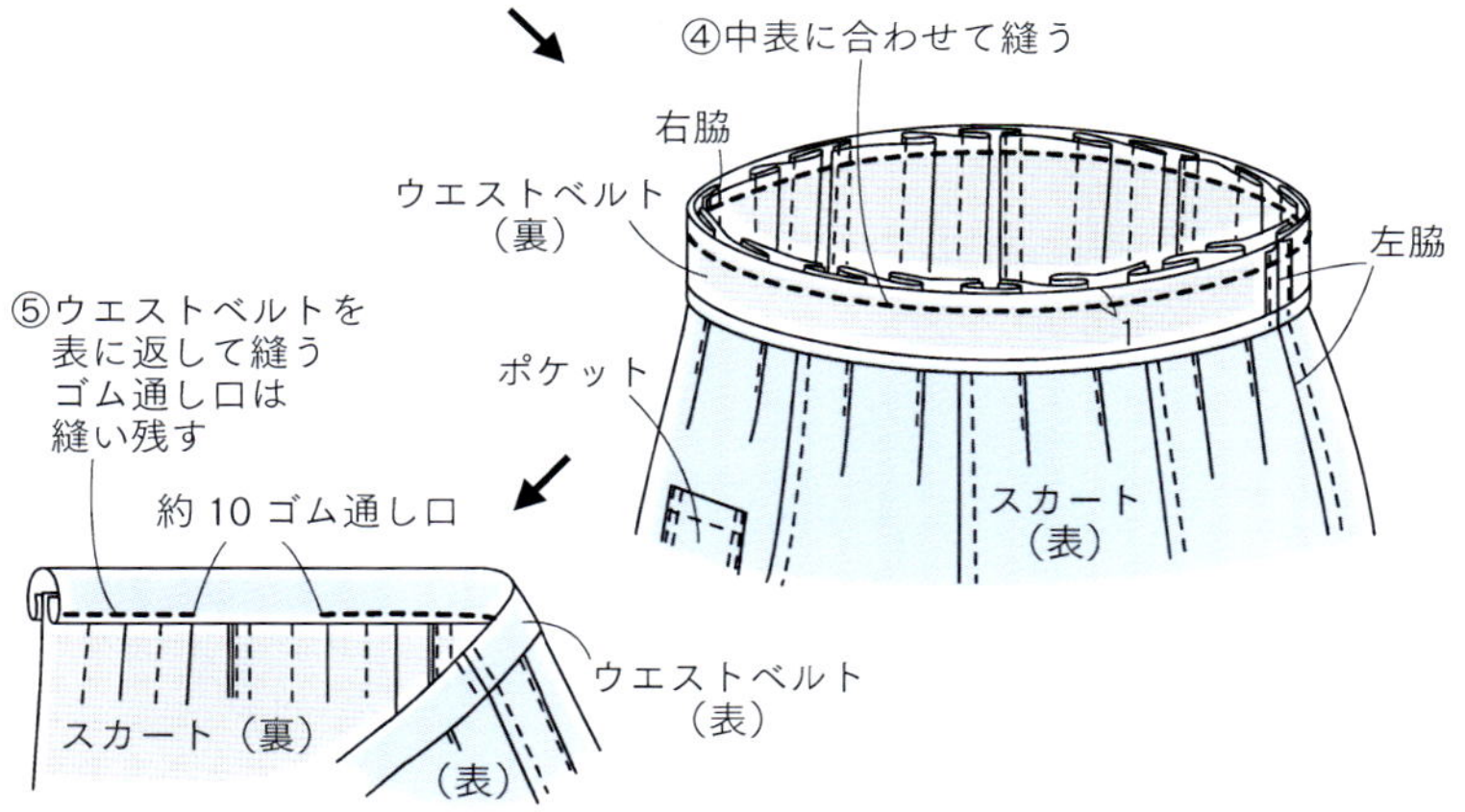

6 ゴムテープを通す

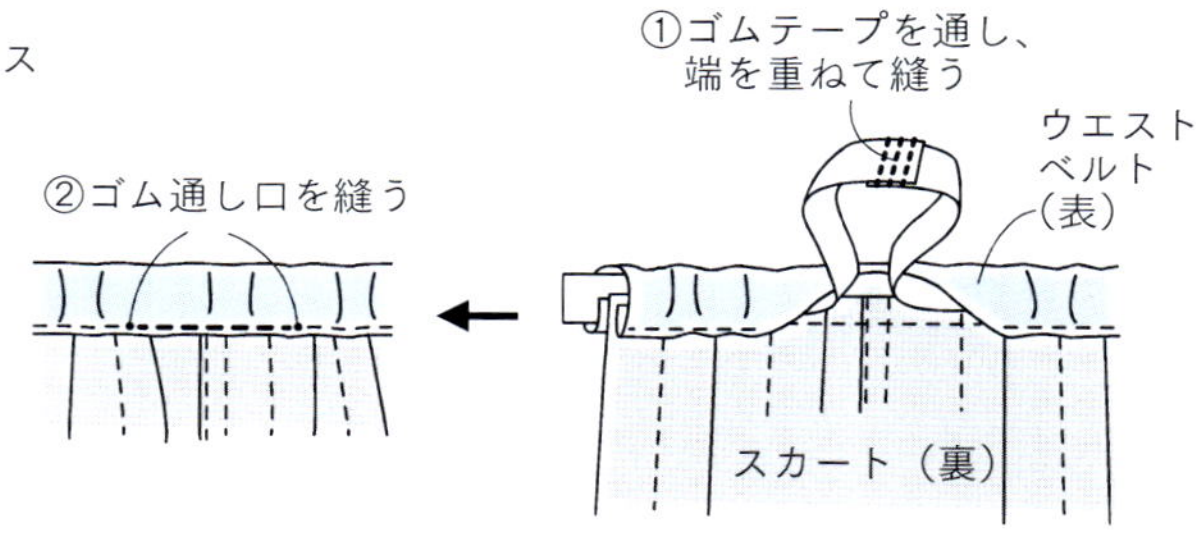

7 飾り布を縫いつける

飾り布を適当な大きさにカットしてバランスよく配置し、布と同系色の糸で縫いつける

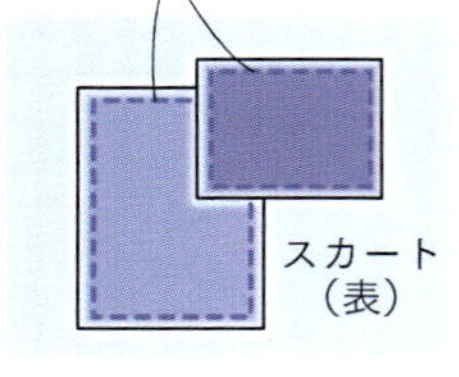

ボタンもファスナーも
なしだから
初心者でも大丈夫

木綿の着物から作る
ワンピース

「かんたんなのに、完成したときの満足感は大。作ったその日から着て楽しんでください」

カジュアルな藍木綿の古布はジーンズにもマッチ

「よくある柄の着物が手に入ったので、こんなワンピースに仕立ててみました」

袖のある服はむずかしいと考えがちですが、アームホールが直線なので、袖つけはかんたん。襟ぐりは、前も後ろもV字カットにして、すっきりした印象に。頭からかぶって着るデザインだから、襟ぐりにあきやボタン留めを作る必要もありません。

「ポイントとして、襟ぐりや袖口、ポケット口などに白糸で刺し子を施しています。何本かステッチを入れると、その部分がシャンとするのもうれしい」

元はたんすの奥にしまい込まれていそうな柄の着物。きれいに洗ってからリメイク。

←

ごらんのように、すべて直線でできている。だから、布を裁つのも縫い合わせるのも大変ではない。

ワンピース（長袖）

でき上がりサイズ
着丈 108cm
身幅 82cm
袖丈 32cm

材料

木綿の着物をほどいたもの…1着分
並縫いの糸…着物と同系色の糸、白糸

作り方アドバイス

身ごろ・袖・脇布はほどいた着物の布幅いっぱいを利用します。布の耳以外で、布端のほつれが気になる場合はジグザグミシンで始末します。

襟ぐり・袖口・ポケット口に白糸で刺し子をし、雰囲気を楽しみましょう。

裁ち方

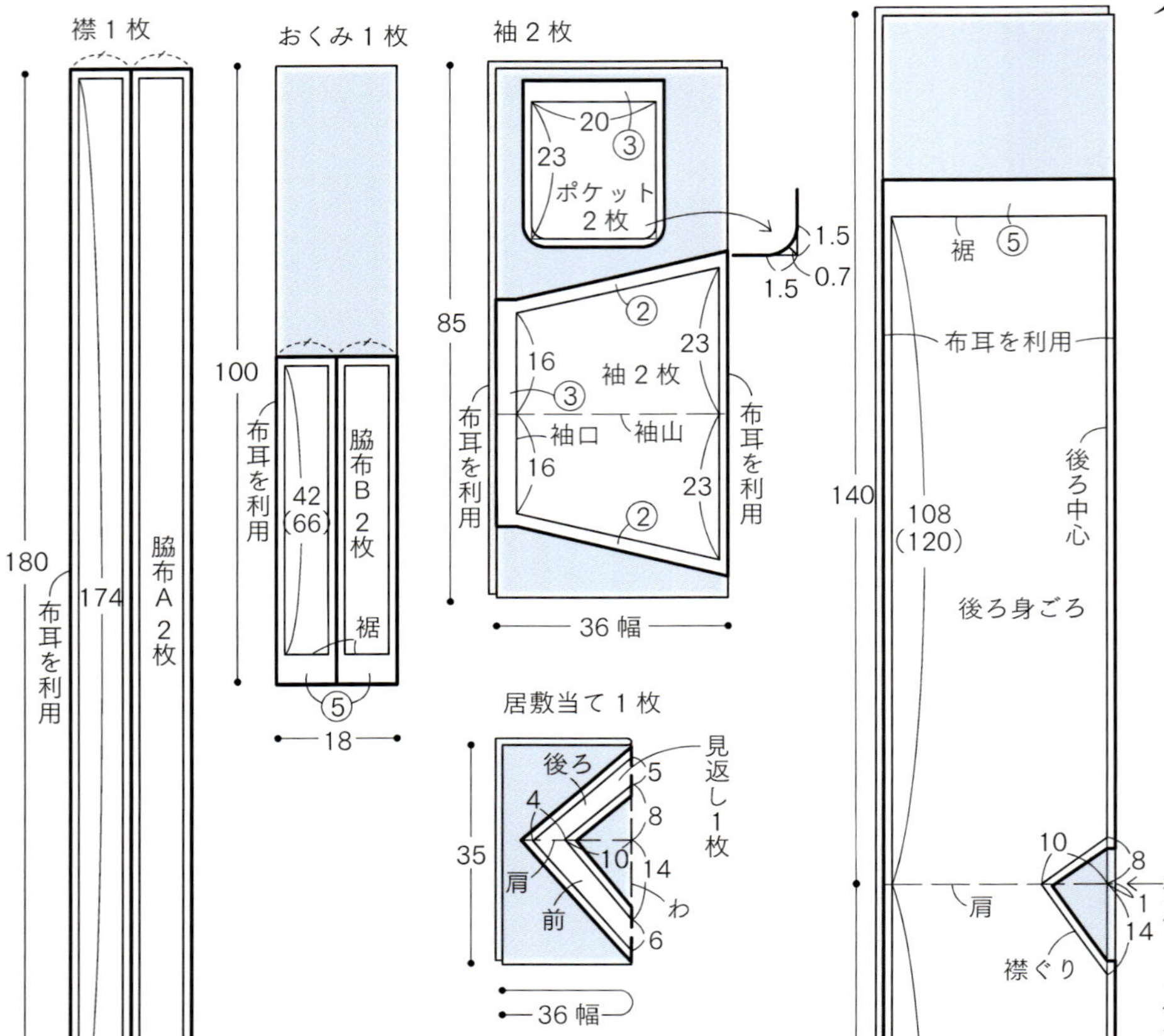

＊着物の各パーツに直接線を引いて裁つ
＊図中の単位はcm
＊◯内の数字は縫いしろ
＊指定以外の縫いしろは1cm
＊( )内の数字はp.69 ワンピース袖なし

縫い方順序

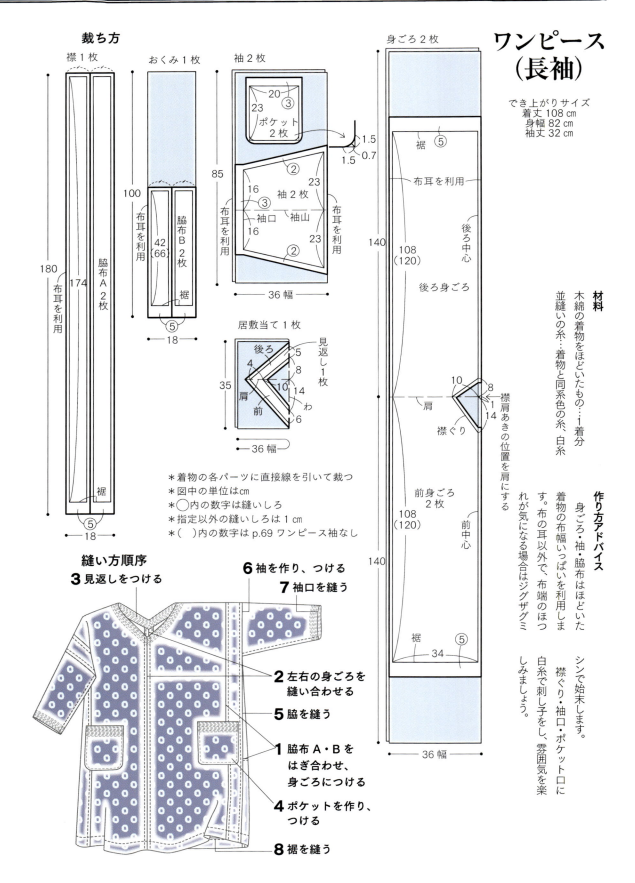

1 脇布A・Bをはぎ合わせ、身ごろにつける

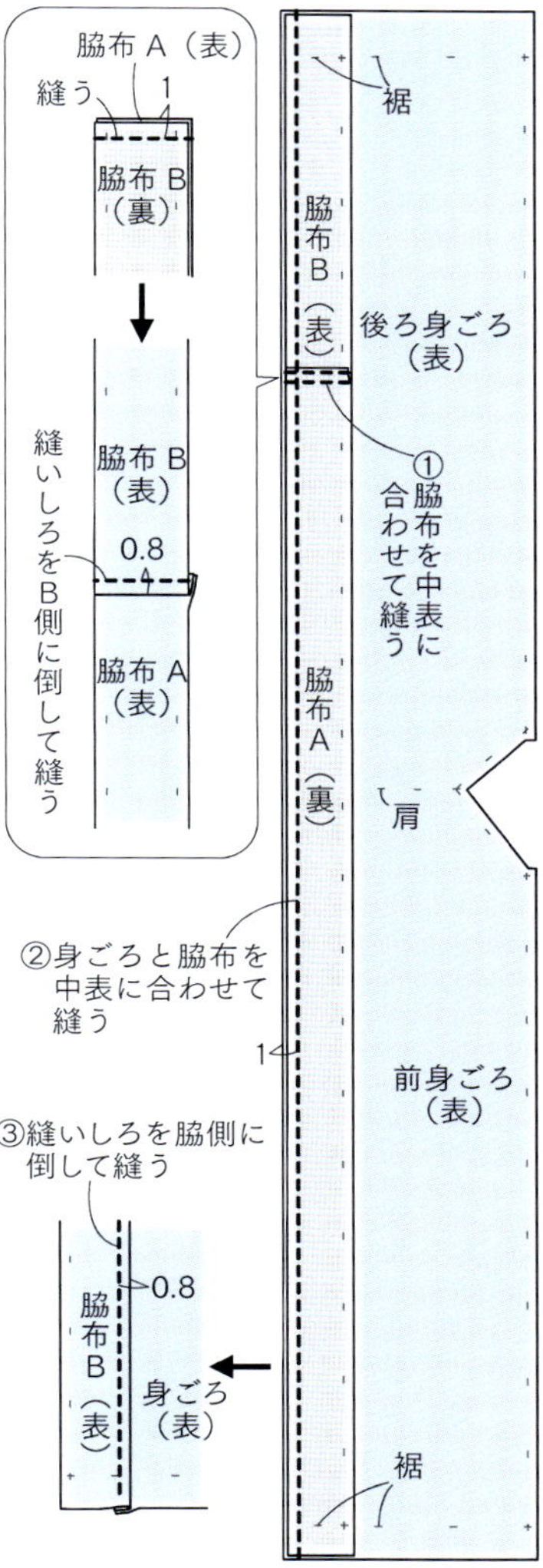

2 左右の身ごろを縫い合わせる

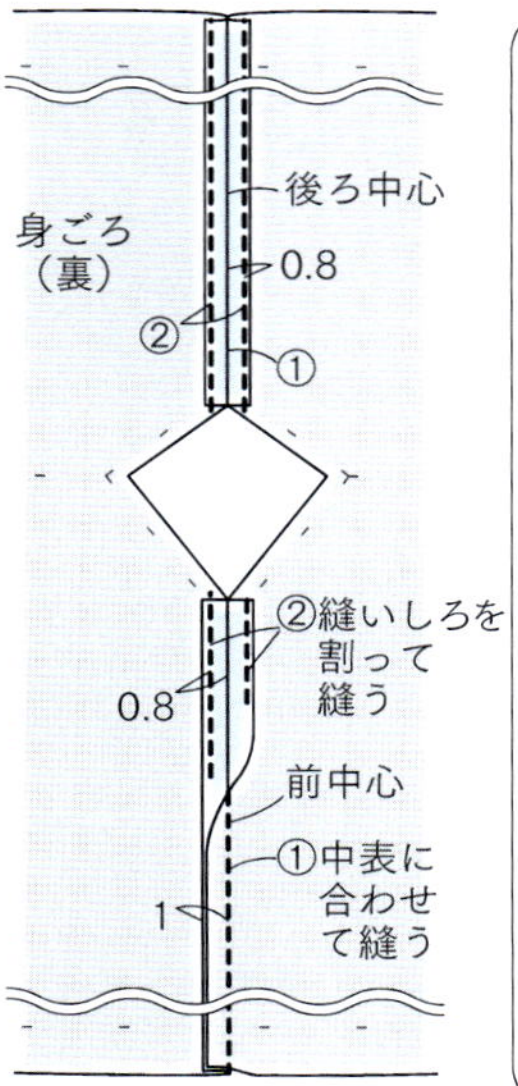

3 見返しをつける

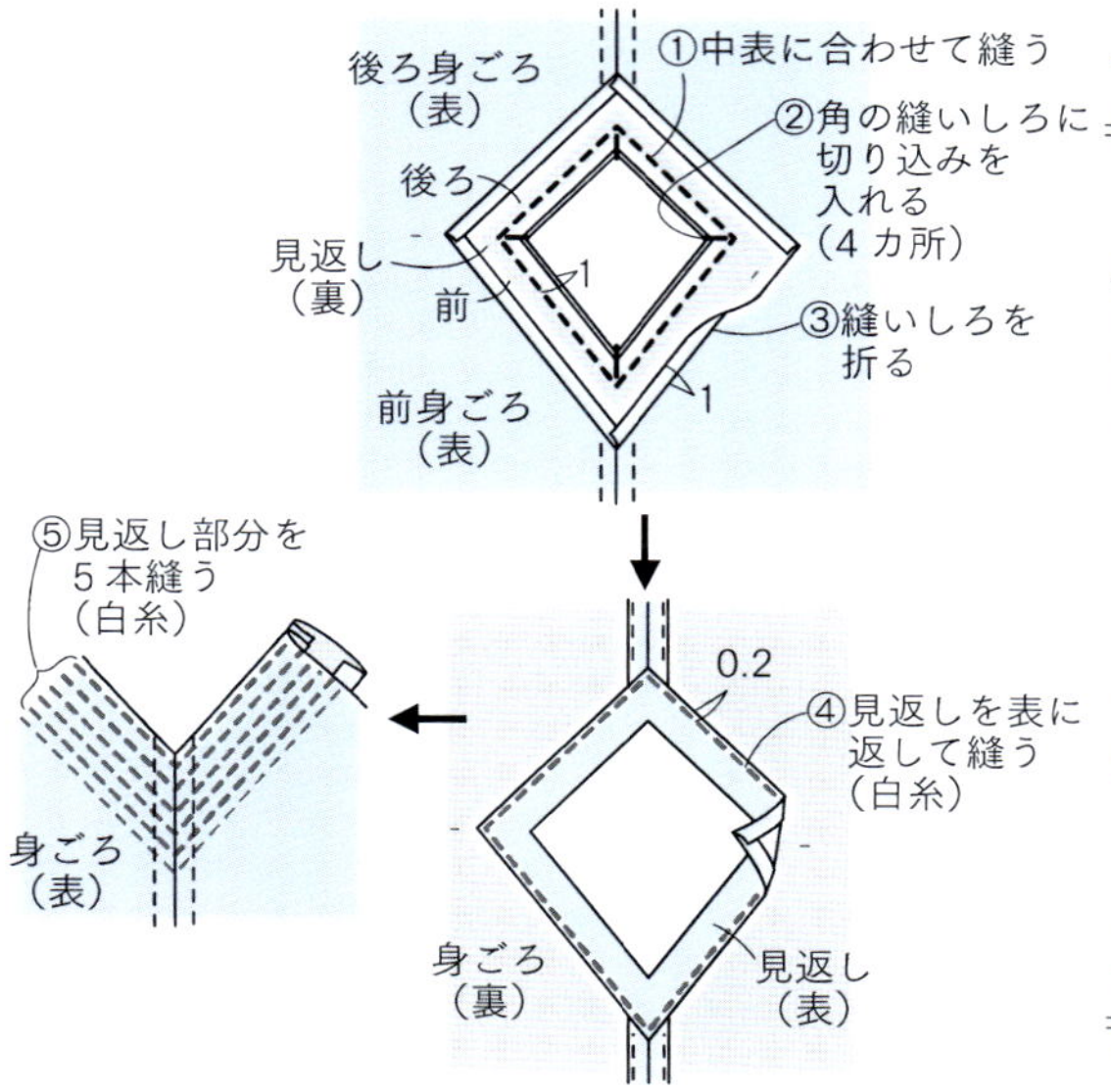

4 ポケットを作り、つける

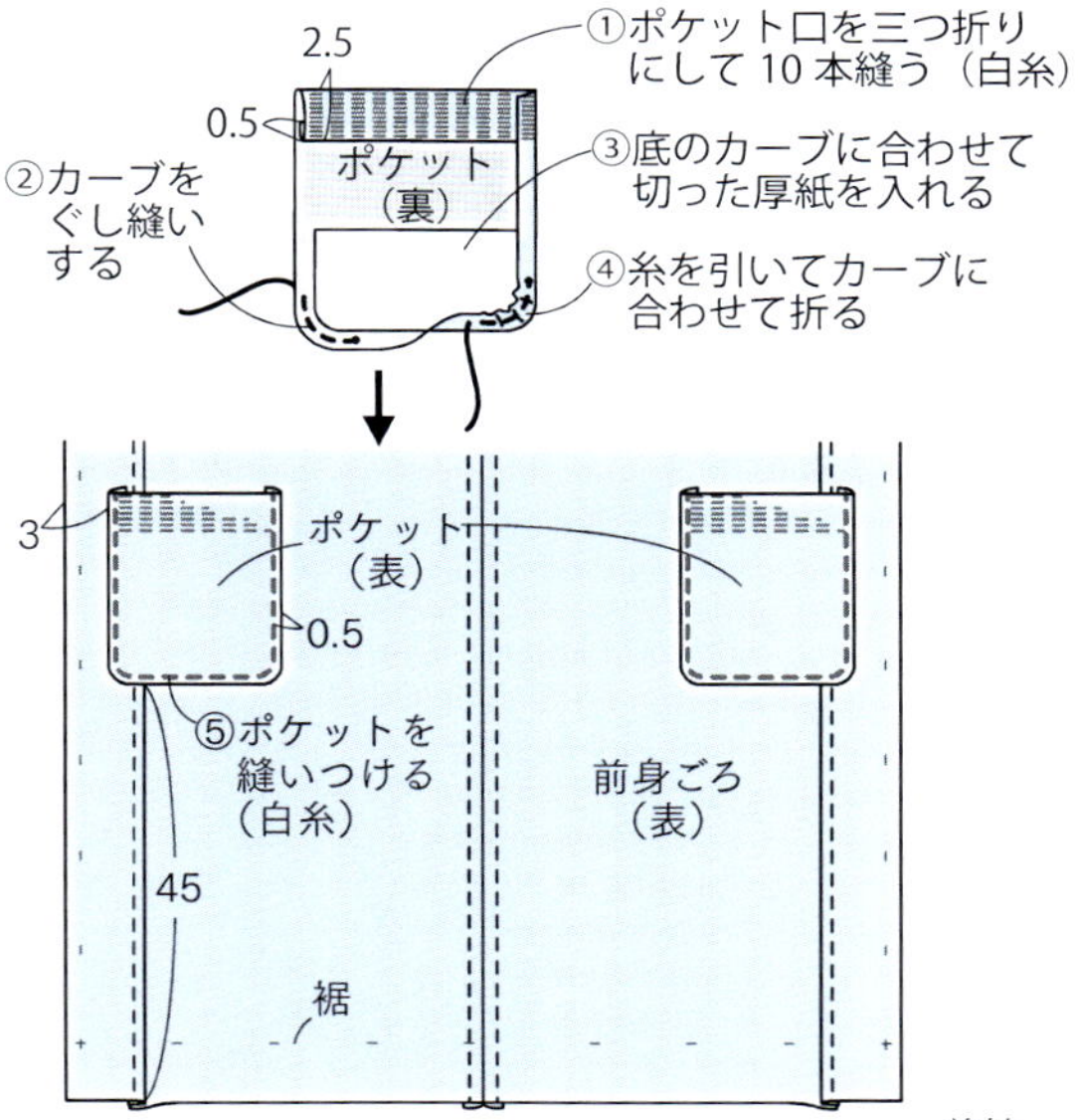

5 脇を縫う

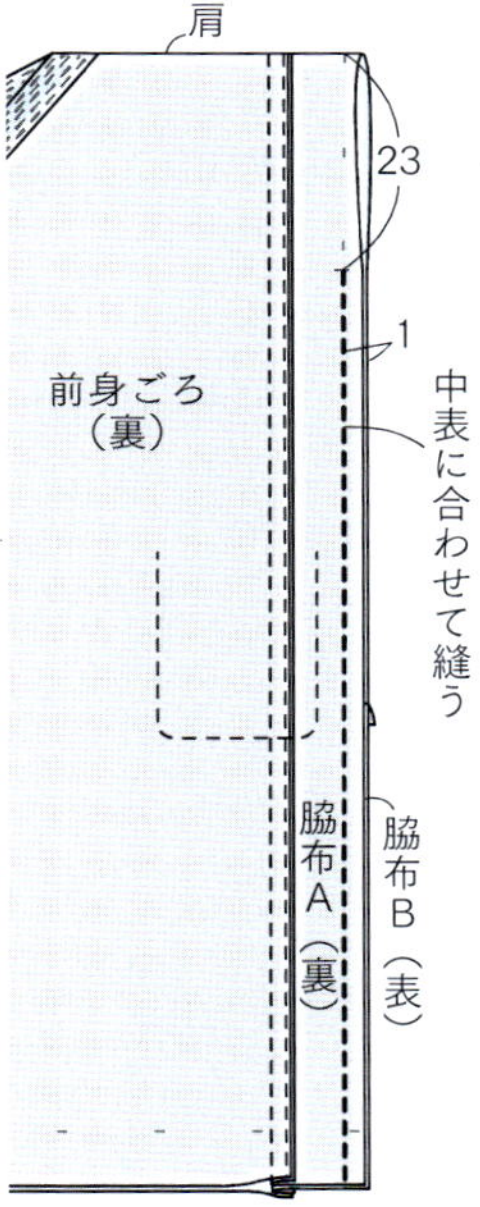

6 袖を作り、つける

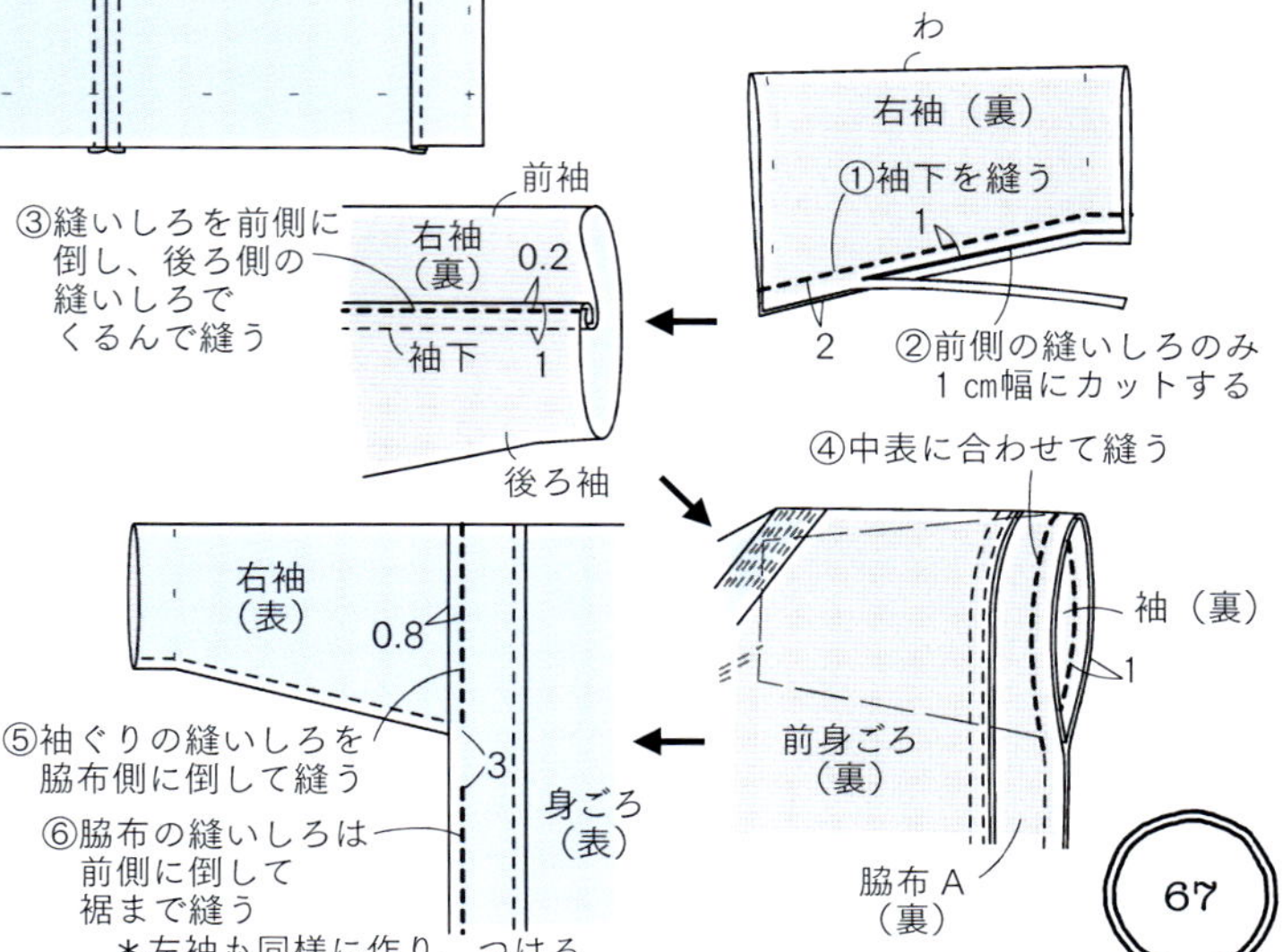

＊左袖も同様に作り、つける

7 袖口を縫う

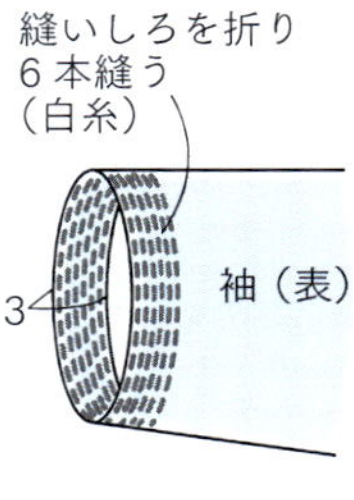

8 裾を縫う

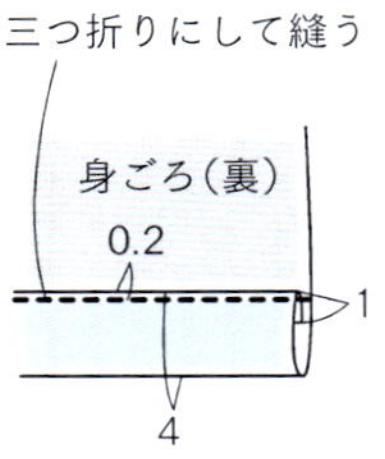

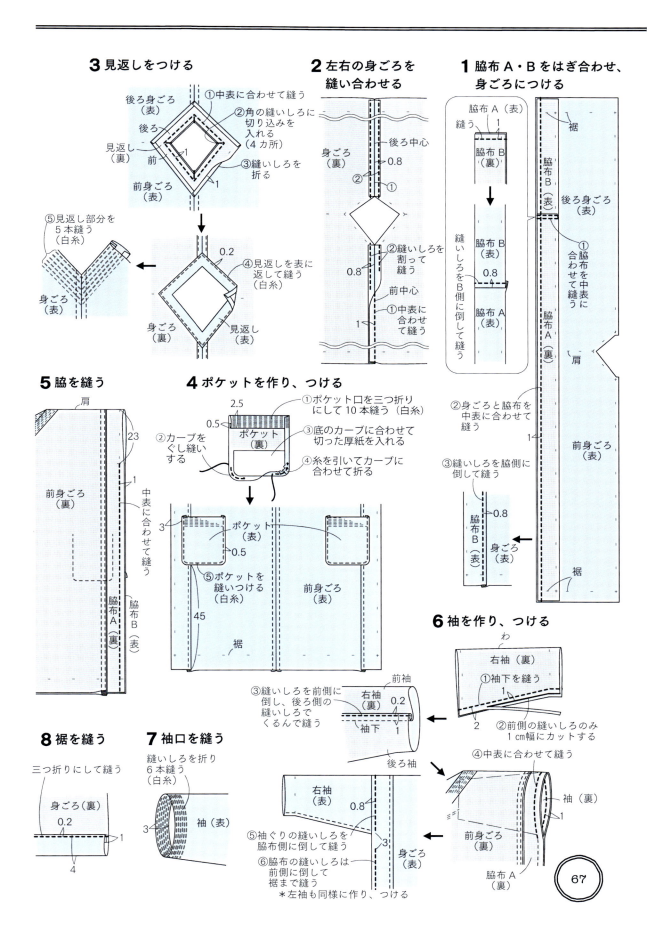

麻の着物から作る
ワンピース

張りのある素材感や絣の美しさをシンプルに生かして

まっすぐに裁って、直線で縫うだけのお出かけ着

ストンとした直線裁ちが、体のラインを上品に見せてくれる。ポケットなしにすれば、さらにかんたん。

ちょっとしたお出かけにも活躍するロング丈のワンピース。ノースリーブでも、身ごろの幅をたっぷりとってあるので、半袖風になるデザインです。

「素材は麻の絣。麻ならではの適度な張りが上品で、絣の質感もきれいですよね」

このままサマーワンピースとして楽しんでもいいし、下にTシャツやニットなどを重ねても。オールシーズン楽しめる、重宝なリメイク服と言えます。

村松さんは、パンツを組み合わせて、個性を演出。

「胸元にアクセサリーをつけてみました。このブローチは、大ぶりなので、なかなか出番がなくて。でも、このワンピースには、驚くほどぴったりですね」

腕を上げると、服のシルエットがよくわかる。見てのとおり、長方形の布からできたワンピース。

ワンピース（袖なし）

でき上がりサイズ
着丈 120 cm
身幅 82 cm

材料
着物をほどいたもの…1着分
別布（麻）…70×30cm（またはおくみ18×100cmを1枚）
並縫いの糸…着物と同系色の糸
伸び止め接着テープ…2cm幅×35cm
木製のボタン…1.5×2cmを1個

作り方アドバイス

身ごろ・脇布はほどいた着物の布幅いっぱいを利用します。布の耳以外で、布端のほつれが気になる場合はジグザグミシンで始末します。

袋布は別布を使用して、色や柄の雰囲気を変えて楽しみます。着物から裁つ場合はおくみから裁つことができます。

縫い方順序

裁ち方

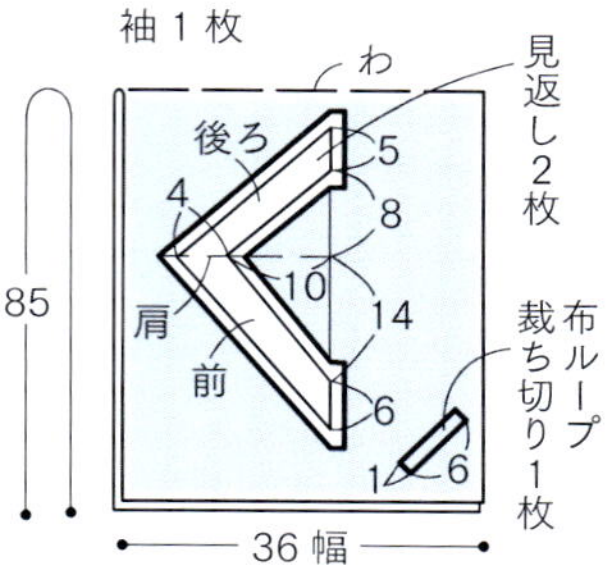

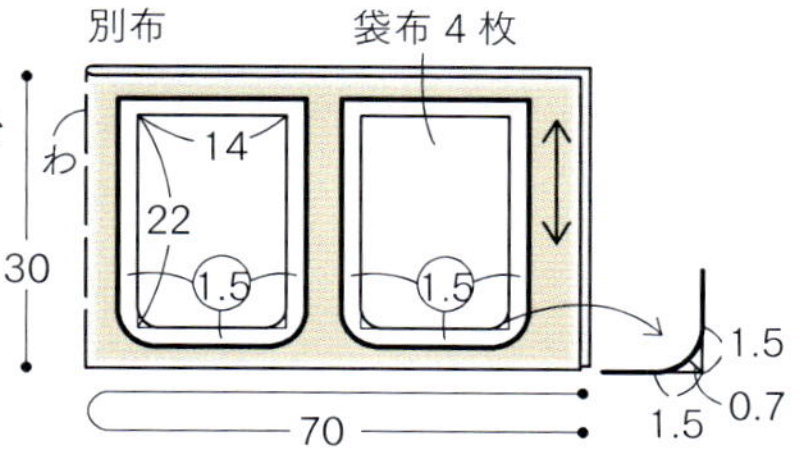

＊前後身ごろ・脇布A・Bの裁ち方はp.66 参照
＊着物の各パーツに直接線を引いて裁つ
＊図中の単位はcm
＊◯内の数字は縫いしろ
＊指定以外の縫いしろは 1 cm

1 脇布をはぎ合わせ、身ごろにつける

p.67-1 参照

2 袋布を作り、身ごろにつける

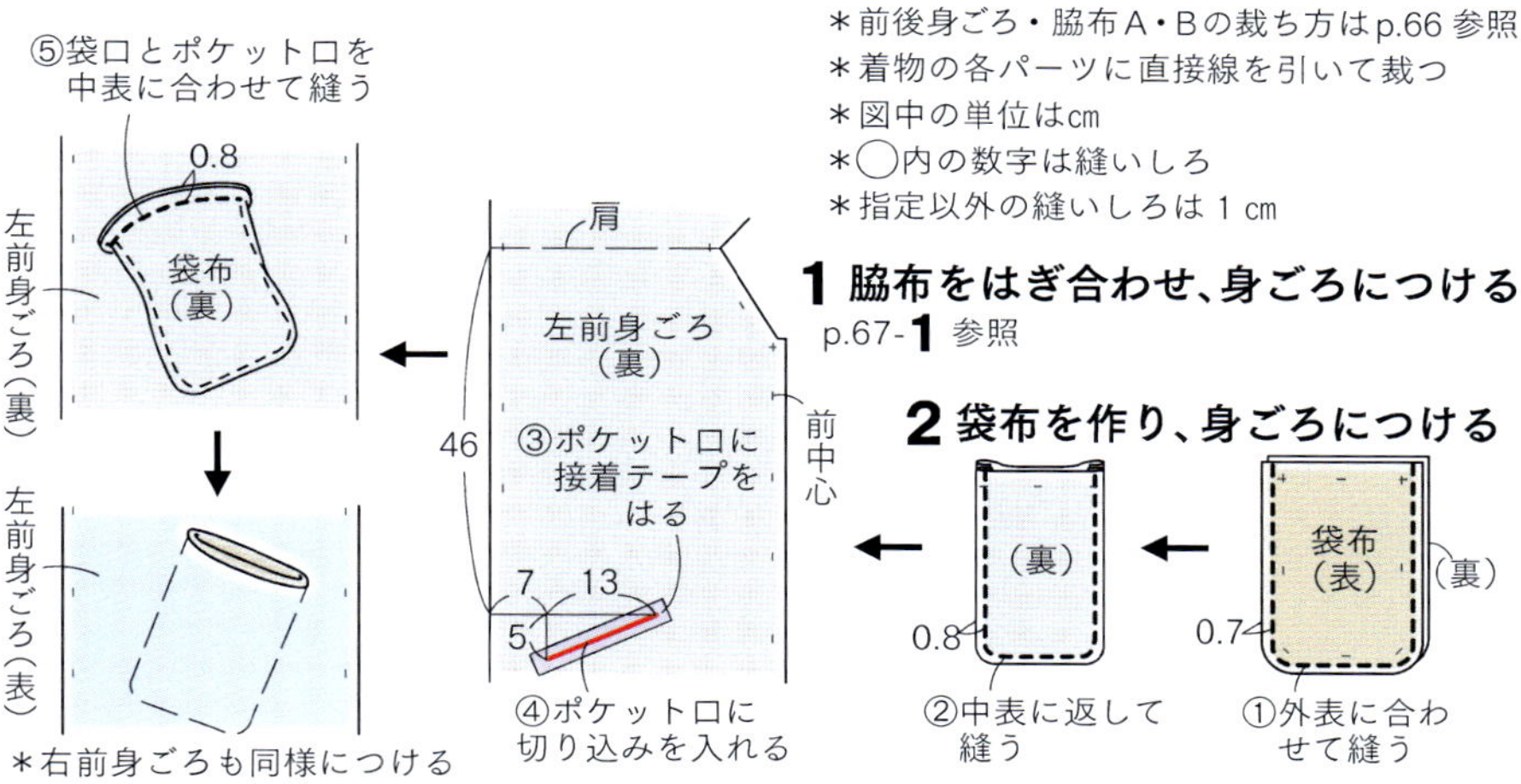

5 脇を縫う

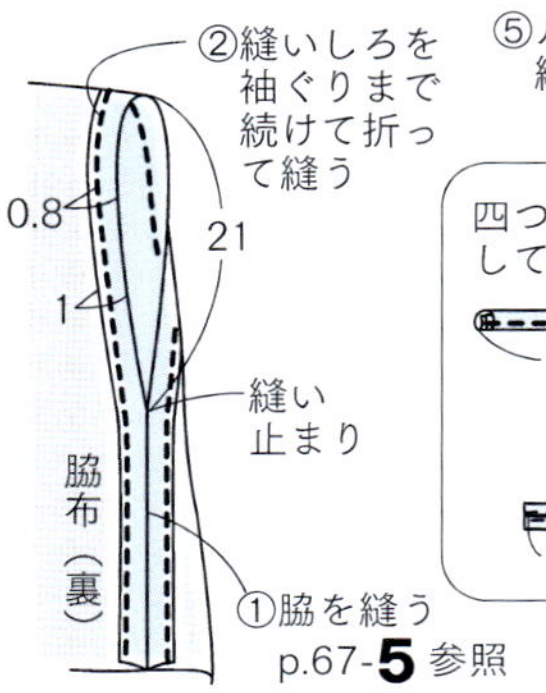

6 裾を縫う p.67-8 参照

4 見返しをつける

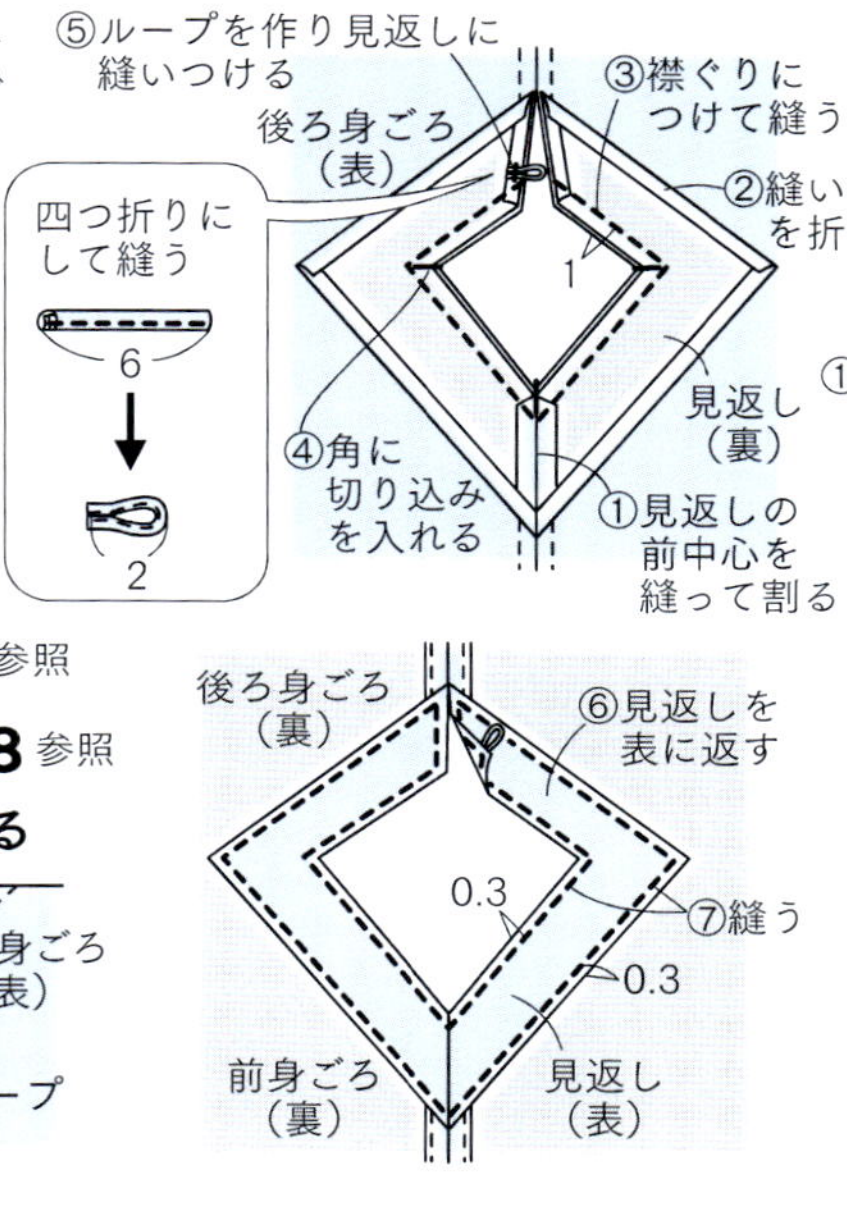

3 左右の身ごろを縫い合わせる

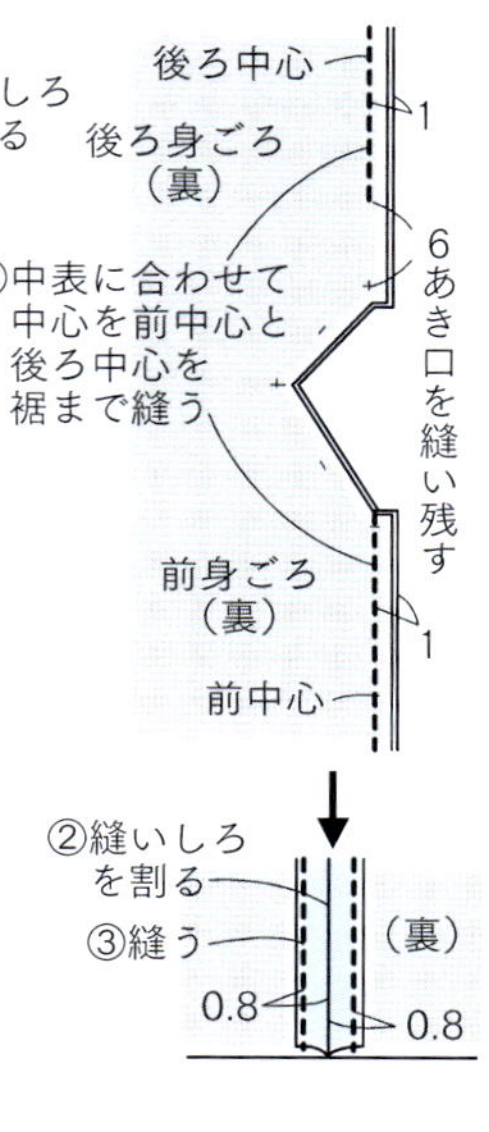

7 ボタンをつける

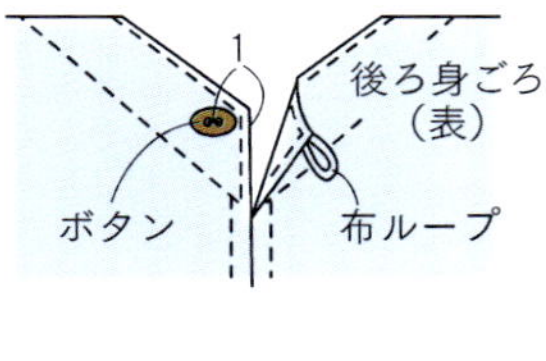

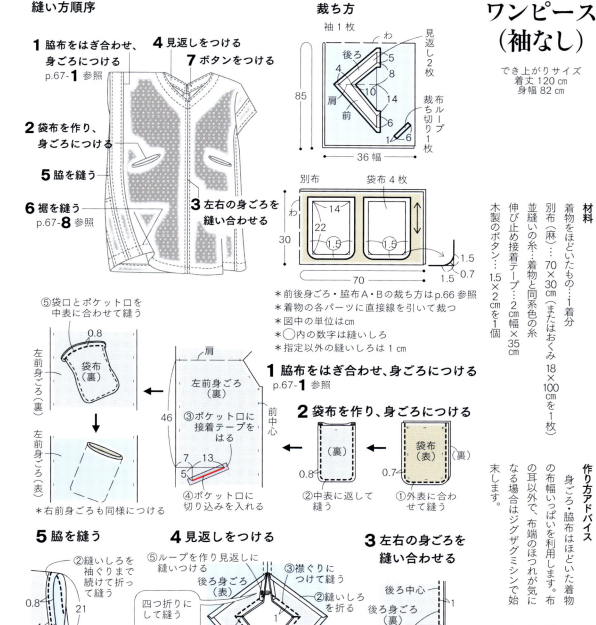

古布の手作りQ&A

「古布」で服やバッグを作ってみたい。でも、こんなことがわからない！
そんな、さまざまな疑問に堀内さんが答えてくれました。

Q1 材料になる古布はどこで手に入りますか？

古布が手に入るのは骨董市や骨董屋、古着屋、着物のリサイクルショップなど。

「私たちは各地の骨董市に、よく足を運びます」

一度に何軒もの店を回れるのが骨董市のいいところ。店のご主人たちは古布のプロ。いろんなことを教えてくれます。

「骨董市でいくつも店を見て歩いていると、古布を見る目が養われるし、作りたいもののイメージが次々にわいてくるんです。古布の店以外にも、古道具の店では、服やバッグの金具、アクセサリーの材料になりそうなものが見つかったりします」

自宅や親戚の家の古いたんすの中も、ぜひ確認を。

骨董市では、出店のご主人と会話しながら古布を物色。必ず広げて、裏も確認してから購入する。

全国骨董市リスト

名称	所在地	開催日	出店数	ホームページ	堀内さんコメント
静岡護国神社蚤の市	静岡市	毎月最終土・日曜日	約100	www.kottouichi.jp/gokokujinja-sizuoka.htm	「家から近く、知り合いの業者さんもいるのでよく行きます」
やまとプロムナード古民具骨董市	神奈川県大和市	毎月第3土曜日	約300	www.yamato-kottouichi.jp	「布がたくさん出ます。大和駅からすぐなので便利です」
町田天満宮がらくた骨董市	東京都町田市	毎月1日（1・11月は変更あり）	約130	www.kottouichi.jp/machida.htm	「がらくた市なので、ブローチなどの材料に出合うことも」
東寺弘法市	京都市	毎月21日	約1200	www.kottouichi.jp/touji.htm	「布は最近少ないですが、場所の魅力にひかれます」
京都大アンティークフェア	京都市	春・初夏・秋の年3回	約300	www.kottouichi.jp/kyoto.htm	「布がたくさん出るので、何周もします」
大江戸骨董市	東京都千代田区	毎月第1・3日曜日	約250	www.t-i-forum.co.jp/event/antique	「フランスの蚤の市のような雰囲気。見て回るだけでも楽しい」

※当日の天候などにより開催中止の場合もあります。
※諸事情により日程が変更になる場合もあります。事前にホームページなどでご確認ください。

Q2 古布を洗うときは、どうすればいいですか?

「手に入れた古布は、まず洗って、きれいにします。風呂敷のようなしっかりした木綿の布なら、洗濯機で洗っても大丈夫。でも多くの古布は年月を経て、もろくなっています。手で押し洗いするのが基本です」

洗剤選びにも注意が必要です。ふだん着用の洗濯洗剤は、洗浄力の強い弱アルカリ性で、多くは白さを出す蛍光剤入り。これで古布を洗うと、傷みが激しくなり変色も。古布には、おしゃれ着用洗剤や食器洗剤などの中性洗剤を使用します。

「そして柔軟剤も入れると布がやわらかくなり、手縫いをしやすくなります。洗濯後に『もう少しやわらかいほうがいいな』と思ったら、日数をおいて、もう一度同じように柔軟剤も使いながら洗濯を。私はこれを5回繰り返したこともあります」

洗濯後、軽く脱水したら、しわ伸ばしを。

「古布を1枚ずつ膝の上におき、手アイロンでしわを伸ばします。手アイロンした布は重ねて丸め、1~2時間そのままに。そして陰干しするときも引っぱったりせず、両手でしわをやさしく伸ばしながら干します」

古布が乾いたあとも、普通のアイロンをかけることは、ほとんどないといいます。

「アイロンをかけると、古布の魅力のフワッとしたやわらかさが消える気がするんです」

Q3 古布で服やバッグを作るとき デザインはどのように考える?

「目の前の古布の素材感や色、柄などを十分に生かしたものにするには、どんなデザインがいいのか……。あたりまえですが、そんなことを考えます」

着物だったら、着物そのものの形から考えず、すべての糸を引き抜いて、布の状態にしてから作る服を決めるといいそう。

「1枚の着物からブラウスとパンツを作ろうと思っても、布が足りない場合もありますしね」

作るのが服ならば、ボタンや留め具といった付属品、バッグならば持ち手なども、どんなものがいいかイメージを。

「イメージしたボタンや持ち手にできるだけ近いものを探します。妥協すると満足できるものが完成しません」

古い着物をといて、何枚もの布の状態に。これを使ってチクチクと縫ったのが、64ページのワンピース。

村松さん宅では、採ってきた竹を乾燥中。これから作るオリジナルバッグの持ち手にするつもり。

Q4 色がイメージに合わないときはどうしたらいいですか？

たとえば、着物や風呂敷の白地の部分が目立ちすぎて気になる、という場合があります。

「そんなときは柿渋染めに。天然染料の柿渋は、布を落ち着いた茶色に染め上げてくれるので、おすすめです」

柿渋染めの染料を購入し、その液に古布をひたしたら、日当たりのいい場所で干して乾燥。

「柿渋染めは『太陽染め』ともいい、日に当てれば当てるほど色が出ます。最後に鉄媒染をかけると、さらに色が濃いめに落ち着くんです。鉄媒染は色止めにもなるので、いつも使います」

柿渋染めの方法

古布、そして市販の柿渋染の染料とポリ容器、ゴム手袋などを準備。

↓

ポリ容器に入れた染料に古布をひたす。むらが出ないよう平らに。

↓

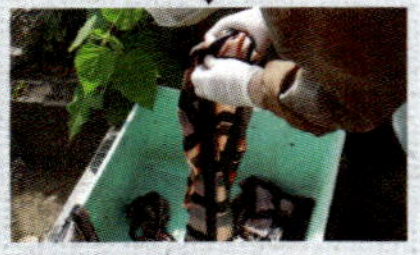

古布が茶色になったら引き上げて、屋外で乾燥を。

日当たりのいい場所にしわをのばして干す。このまま数日おく。

↓

柿渋染めのすんだ古布を、今度は鉄媒染の液を入れた容器に。

↓

墨をかけたような茶系に変色。これが57ページのブラウスに。

Q5 縫うときに、気をつけたいことはありますか？

「昔の着物や野良着は手で縫ってあります。もちろん、繕いも手縫い。だから私たちもミシンではなく手でチクチク縫いたいと思って。手で縫うと古布を傷めることもありません」

何より、古布を手縫いして作った服は、ふわっとした温かさがあり、着心地もいいと評判。

「糸選びにも気をつかいます。藍染めの布に合わせて、糸も自分で藍に染めたりしています」

ただし、バッグを作る際は、材料の古布が手縫いにはかたすぎたり、縫い目に強度が必要と判断したら、ミシンを活用。

Q6 古布の服がすてきに見えるコーディネートのコツは？

古布の服をデザインするときも、完成したものを着こなすときも「シンプル」を心がけている二人。コーディネートは「迷ったら、引き算」がモットー。

「それから、たとえばジャケットとパンツは、片方が柄物なら、もう一方は無地のほうがまとま

Q7 古布の服のお手入れ法を教えてください。

洗濯は材料のときと同じで、中性洗剤を使って、手で押し洗いを。アイロンは、古布の味わいを消してしまうので、かけません。かけるのは、どうしても気になるしわがあるときだけ。

「古布の服で出かけるときは、前日、お日さまに透かしてみるんです。『どこか、破れているところはないかなぁ〜?』って(笑)。もともと薄かった箇所が破れていることもあるから。穴を見つけたら、すぐに針と糸で繕います。繕うのも『古布の服の世話をしている』という感覚で楽しいんですよ」

Q8 古布の服ならではの楽しみ方はありますか?

自分で手作りした古布の服には愛着があります。だから、できるだけたくさん着て楽しみたいという気持ちに。

「そのために、一度完成させた服を、再度リメイクすることも。たとえば、ロングワンピースを作ったけれど、着る機会が少ないので、前身ごろの中央を切り開いてコート(88ページ)にしました。このように作りかえていくのも、手作りのおもしろさです」

麻の男物の着物をコートに。前身ごろにはリボンを縫いつけた。
↓
着こなしの幅を広げるために、リボンをとり、袖も少し狭くした。

りやすいですね。無地同士なのに、『なぜかマッチしない』ということもあります。その場合は、中に白いブラウスを着て、その裾をジャケットやベストの下から出す。すると、白が上下をうまくつないでくれます」

最近は、さし色に赤を使うことにチャレンジ中。藍染めの古布の服に、小物でちょっと赤をプラス。すると、元気な印象のコーディネートになります。

藍の服には白いブラウスがよく似合う。米袋から作ったバッグや靴下の「赤」が効果的なポイントに。

ゆったりていねいな

古布のある暮らし

② 村松みち子さん

「私の母が料理や手仕事の好きな人だったんです。食事もおやつも手作りでしたし、私がお嫁に行くときには、羽織を縫って持たせてくれました」

その影響で、村松さんも料理好き、手芸好きに。しかも、お嫁入り先は紳士服の仕立て屋さん。結婚前には急いで洋裁学校にも通ったといいます。

「でも、プロの仕事というのは、まったく違いますね。嫁いだあとに私がお手伝いできたのは、店の職人さんに習ったまつり縫いぐらいでした」

やがて、50歳近くになり、古布でバッグ作りをスタート。

「作品展を始めると、夫が『人さまに渡すものは、きちんと作らなければいけない』と、縫い目を見たりしてアドバイスもしてくれるようになりました」

子どもたちは独立し、二人暮らし。一日の終わりに「夫婦で晩酌」が楽しみの一つとか。

骨董屋でひとめぼれした水屋だんす。悩んだ末、「公務員として定年までがんばった自分へのごほうび」と手に入れた。村松家の台所にすんなりとけ込んでいる。

＊スイートポテト
さつまいものおいしい季節には、スイートポテトを手作り。遊びにやってくる孫たちも大喜びで、いくつも食べてくれる。その姿を見ているのが幸せ。

＊ゆずの甘露煮
甘さを少しずつ調整しながら、煮ては冷まし、煮ては冷ましを繰り返して作る。残った煮汁も、ゆず寒天にしたり、お湯に入れて飲んだりして楽しむ。

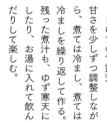

母譲りの料理好き、手仕事好きを、日々の暮らしに生かして楽しむ

家事や子育てもあって、ずっと大忙しだった。最近、「ああ、この台所の窓の外は、こんなにも緑が豊かで、花の香りもする。耳を澄ませば、木の枝が風に揺れる音、川の音も聞こえたんだ」と気づいた。

へこみにあんこを入れて、形をととのえれば完成。

もち米と黒米をまぜて炊いたごはんを丸め、真ん中にへこみをつくる。

＊逆おはぎ

ごはんが外、あんこは中の逆おはぎ。普通のおはぎと違って、手で持っても、あんこが指につかない。ごはんも少なめなので、何個でも食べられる。桜の塩漬けを、ちょんとのせて。

好きで集めた古布、器、かごなどが、家のあちこちにおかれている。玄関の時代物の家具の上には古い帯を敷き、染めつけの器を。そこに、夫が山から採ってきてくれた白い椿をいけて、冬のしつらいに。

骨董が大好きな村松さんは、地方まで足を伸ばして骨董屋や骨董市めぐりをすることも。

「少しずつ古い家具や道具、器などを集めてきました」

定年退職を機に、これからは家での時間を楽しみたいと、自宅の一部を改築。集めてきた家具や建具などを、各部屋にさりげなく配置しました。

「飾っている器や古布は季節ごとにかえ、かごや花瓶に野の花をいけて、ゆったりと時を過ごせる空間づくりをしています」

近年、また外で仕事を始めたけれど、帰宅するのがうれしい家があるのは、とても幸せ。

「それに、夕食後に一度寝て、0時ごろに起きたら、2、3時間ほどバッグを縫う。そんな楽しみも私にはありますから」

限りのある人生、「毎日、毎時間を楽しく生きていこう」と心に決めているといいます。

骨董の家具は、古布や野の花を見事に引き立ててくれる。季節ごとに、飾る古布や花をかえるのも楽しみ。初夏には、涼しげな花瓶やかごを選び、白い野の花を投げ入れる。

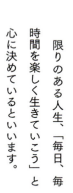

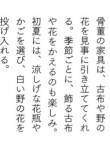

季節の花と大好きな骨董に囲まれた生活空間を

アトリエには、骨董市で仕入れた古布が。これらを柿渋で染めて、バッグを制作。上は52ページの作り方で完成させたぺたんこ布バッグ。下は、「三つ引き両」と呼ばれる紋のついた古布を利用。ステッチを効かせ、紋が浮かび上がるように工夫した。

お弁当は塗りのお重に入れ、汁物も持参のお椀に注ぐ。お弁当だからといって手抜きはしないのが私たち流。

富士山の裾野に広がる山あいの地域に暮らしている村松さん。家の外に出れば、豊かな自然が出迎えてくれます。

「野の花を自宅に飾るのが好きですが、やはり自然の中で咲いている姿も見たい。ですから、車を走らせて近くの野山には、ひとりでよく出かけます」

ときには、お弁当、そして裁縫道具を車にのせて出発。山の中にある静かな湖のほとりに車を停めて、せっせと針を動かすのだとか。ときどき美しい景色を眺めて目を休ませながら縫うと、古布のバッグ作りもはかどるのです。

「春美ちゃんと誘い合わせて、山菜を採りに行くのは、年中行事の一つ。『どのように食べようか』と話しながら、5月ごろならせりやクレソン、わさびを野山で摘むんです」

少し疲れたら、清流に手をひたしてみたり、腰を伸ばして遠

川沿いの公園まで車を走らせて、お客さまと一緒にお弁当を広げた。古布で縫った座布団も持参。屋外での食事は会話も弾み、一段とおいしく感じる。

誘い合わせて、お弁当持参で野山にせりやクレソンを摘みに

くの景色を眺めたり。おいしい空気を胸いっぱいに吸い、手元のかごにはごちそうのもともいっぱい。日が傾くころには、夕食の支度に間に合うよう家路を急ぎます。

土地の所有者に断って山に入り、クレソンやせり、わさびなどを採る。毎年行っているので、「クレソンなら、あのあたり」と見当もついている。

6月に野山に行くと、梅の枝には青い実が。遠くに目を転じれば、山々が初夏の準備をしているのも見える。緑豊かな自然、富士山が生み出す清流。季節の移り変わりを実感しながら、自然とともに生きていく——。

五章

古布バッグの放つ存在感

一度見たら忘れられないほどのインパクト

古布のバッグには独特の存在感があり、ひとめぼれする人も少なくありません。使い込まれた布ならではの素材感、クラシックな紋や和模様。これらをセンスよく使いこなしたのが、村松さんと堀内さんの古布バッグです。

村松「刺し子の要領で、こまかく並縫いを施し、縫い終わったら、糸の端を引っぱって縮める。
これで立体感や厚みが生まれるんです」

材料は油単。藍に白く抜かれた紋は柿渋で茶色に染めた。そのあとでこまかくステッチを施す。

バッグ作りには、服とはまた違う楽しさ、おもしろさが

堀内さんの古布の服作りは、村松さんが古布でパッチワークしたバッグがきっかけで始まりました。それほどインパクトのあるのが、古布バッグ。

そして、村松さんの作るバッグも、この16年の間に、進化を続けているのです。

「最近は古布の大きな紋を生かしたバッグ作りをしています」

それも、古布にこまかくステッチを入れて、その糸の端をギュッと引っぱることで表面に立体感を出すというオリジナル技法を使ったものが中心。ステッチの入れ方や、引っぱるときの力かげんで、古布の模様が微妙に変わるのもおもしろいのです。

「それから酒袋を柿渋で染め、表面がなめらかでカチッとした形のトートバッグ作りにもはまっています」

一方、堀内さんは、ソフトタイプのバッグを制作。古布ならではの継ぎ当てや酒袋の質感を生かし、カジュアルに仕上げるのが特徴。

「やはり、古布の服には古布バッグが似合います。その組み合わせを考えるのも楽しいですよ」

左右から斜めに縫って縮めた古布と酒袋を組み合わせたショルダーバッグ。陶製の留め具がポイント。

右のショルダーバッグと同じ方法で作った、大きめのトート型バッグ。持ち手の色や形にもこだわりが。

古布の紋をシンプルに生かして。ストラップの裏側を紋の色と合わせているのもおしゃれ。

ちょっと珍しい柄の古布が手に入ったので、まず柿渋染めに。そして縫い縮めたら、柄がきわ立った。

大きな紋の入った古布は、使い方しだいでユニークなものに。これは、底の部分に紋をもってきた。

柿渋で染められていた酒袋でトートバッグを。村松さんの作るバッグは布がかたいので、仕立てにはミシンを使用する。

左ページのバッグはリバーシブル仕立てで、内袋に宣伝文字入り前掛けを使用。裏返すとこんな感じに。

古布の継ぎ当ての美しさを生かしたバッグ。制作者の堀内さんは「ぷくぷくトート」と呼んでいる。

酒袋でマチのたっぷりあるトートバッグを作った。シックな色だから何にでも合いそう。

内袋には印半纏を使用。トートバッグは内側もよく見えるから、いつも以上にこだわる。

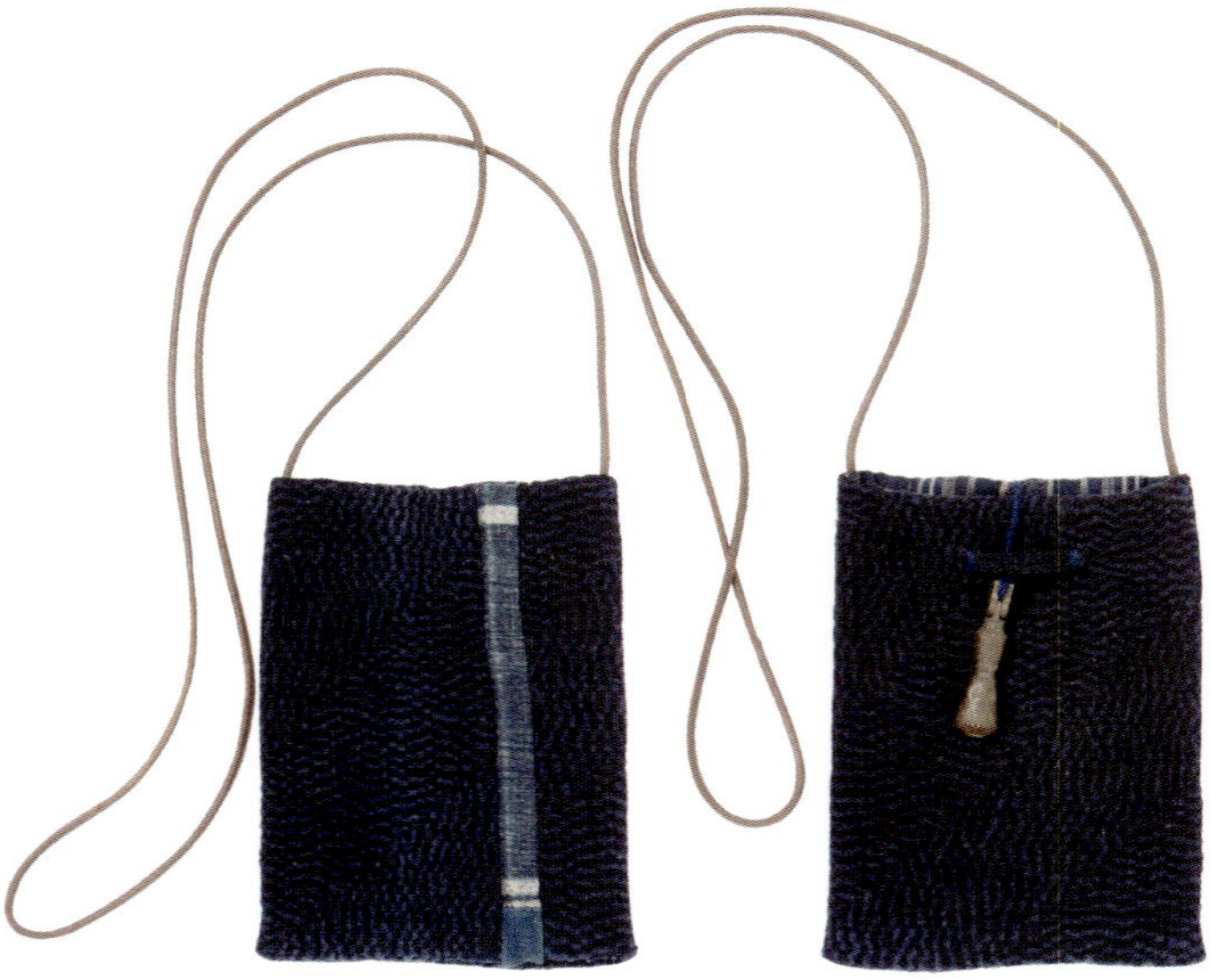

服を作るとき、布を無駄にしたくない堀内さん。刺し子のコート制作で、布が余ったからポシェットを制作。右のポシェットの金具は古いたんすのパーツ。

酒袋をつないで大きめのショルダーバッグを。もともとの生地のかすれや傷みが、いい味を出している。斜め掛けして、ラフに楽しみたいデザイン。

古布の持ち味を生かした
遊び心のあるカジュアルバッグ

「たっぷり入るこのバッグ、息子にプレゼントしたら大喜びでした」

梅雨の時期に、山に分け入って山ぶどうのつるを採取。いつも同行してくれる夫が頼り。

皮はぎには力が必要。夫婦で協力し合って、途中で切れないようにはいでいく。

つるを採るには許可証が必要で、採取の時期も決まっている。もちろん許可証は取得ずみ。

今回は、きれいなつるが採れた。ほとんどこのまま使って、かごバッグ第1号を制作。

古布と山ぶどうのつるを組み合わせて手編みのかごバッグを

最近、堀内さんは山ぶどうのつると古布を組み合わせたかごバッグ作りにチャレンジ。

「古布の服を着るようになり、山ぶどうのかごと古布の相性がいいことに気づきました」

いつか自分で山ぶどうのかごを編んでみたいと思い始め、山へ材料を採りに行くように。

「最初は、何の知識もなかったので、季節はずれに山に入ったり、霧の中で足を滑らせそうになったり。やがて、『ひとりでは危険』と夫がついてきてくれるようになりました」

梅雨に入って2週間ほどたったころがベストシーズン。水分

マチが広くてシンプルなデザイン。使い込んだかごのように、古びた感じになるのが待ち遠しい。次はどんなかごを作ろうかと、今から楽しみ。

を含んだ山ぶどうの皮は、きれいにつるからはがれます。

「作業が終わったら、車のデッキに腰かけて、塩おむすびと水筒の冷たいお茶でお昼ごはん。おかずは、一人静の群生が広がる目の前の景色です」

昨年まで、持ち帰った皮で編んでいたのはブローチ。今年はがんばってかごを制作。蓋つきの内袋は、もちろん古布です。

「そのうち、2つ目に挑戦したいと思っています」

古布を使って内袋を。色や太さの異なる糸でチクチク刺し子をして蓋もつけた。

六章

一枚でサマになる古布コート

羽織り物は思い切った布づかいが成功のカギ

たっぷり布を使って作るコートは、古布の魅力を存分に表現できるアイテム。大きな継ぎ当て、背中いっぱいの紋、迫力の図柄などを、できるだけ生かして。思い切ったデザインが唯一無二のコートを誕生させます。

「みっちゃんのは麻の男物の着物から、私のは古い端切れを継いだ布から作ったコートです」

「このコートは3回目の作品展の終了後、春美ちゃんが記念に作って贈ってくれたもの」

大胆な図柄の のぼり旗を使って 男前なロングコートを

「神社に奉納するのぼり旗が手に入りました。明治時代後期のものだそうです」

旗いっぱいに描かれたダイナミックな図柄を見ているうちに、このままコートにしてみようかと思いついた堀内さん。

「ただ、白地に墨で手描きされた絵は、インパクトが強すぎると思いました。そこで、柿渋で3回染めたあと、鉄媒染もかけて、白地を落ち着いたブラウンに。これを、大きなポケットのついたロングコートに仕立てました。みっちゃんは、いつもかっこよく着こなしてくれます」

コートを主役にするため、コーディネートはシンプルに。村松さん作の酒袋のバッグがマッチ。

裏地をつけていないので、裾がひるがえると後ろ身ごろの絵柄がチラリと見えるのもすてき。

大きな紋を背中のアクセントにした大好評コート

大きな紋を染め抜いた藍の古布は、コートにぴったり。

「コートは面積が広いので、大きな紋をそのまま使うことができますから」

紋は柿渋で染めて変化をつけることもあるといいます。

「古布が油単の場合、文字が入っていることも。文字をデザインだと思い、さりげなく袖などに使うと、個性のきわ立つコートが完成します」

最近、仕上げたコートはフードつき。グッと現代的でカジュアルな表情になり、デニムにも合うので大活躍とか。

材料は木綿の油単。白抜きの紋や文字を柿渋で染めて制作。前立てや襟、袖口の内側にあしらった雪ん子絣も、同じように柿渋染めにして統一感を出した。

こちらも木綿の油単を使ったコート。前ボタンを留めれば、チュニックブラウスとしても楽しめる。袖口に別布を縫いつけてアクセントに。

右は木綿のかい巻き布団の側から制作。紋が大きいので、フードで少し隠れるデザインに。左は木綿の蚊絣が材料。背中のワンポイントは、型染め布の一部を切りとって縫いつけた。

「かい巻き布団は、綿を抜いたりの処理が大変だったけど、こんなにすてきなコートになりました」

メリハリのある
デザインで
古布もモダンに

男物の縞の着物をコートに。また、羽織の裏をコートの裏や袖口に縫いつけて、さりげないおしゃれも。

丈が長めの半纏から制作した一枚。生地がかたいため、やむなくミシンを使用。半纏の襟についていた紋を切りとり、襟元のアクセントに縫いつけた。

後ろ身ごろにはプリーツを入れてみた。プラスしたのはあさぎ色の布。動くとチラリと見えるのが粋。

古布でコートを作るときは、シルエットはシンプルであっても、どこかにワンポイントを作ったり、デザインにメリハリを効かせたりするとモダンでおしゃれに仕上がります。

「私がよくやるのは、襟や袖口の内側に柄入りの別布を縫いつけること。柄を少しだけ見せるデザインは、遊び心があって、着ていても楽しいんです。あるいは、後ろの裾の中央にプリーツを入れて、歩くと色の違う布がチラッと見えるのもおもしろいと思います」

また、かんたんで効果的なのが、大きなポケット。サイドに、身ごろと同じ布か柄のある別布をポケットとして縫いつけます。すると、これが魅力的なアクセントになり、全体的にメリハリのあるデザインになるのです。


藍無地の油単から作ったロングコート。襟や袖口には小さな柄の別布をあしらって。さらに、襟元には白のかわいいとんぼ玉をアクセントに縫いつけた。

久留米絣の着物からとった柄布をポケットにした。コートには大きめのポケットがよく似合う。

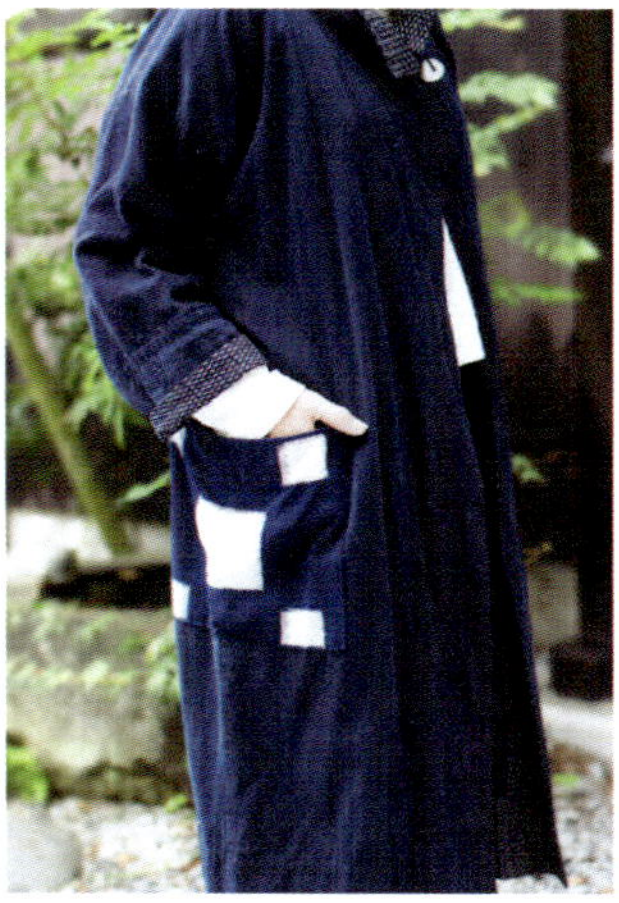

七章

古布に似合う コーディネートアイテム

小物づかいや 合わせるボトムで さらに魅力的に

古布の服やバッグは
コーディネートがむずかしいのでは？
そんな声を耳にすることがあります。
でも実は、コツさえわかればかんたん。
古布を引き立ててくれる
アクセサリーや靴、ボトムをご紹介。

山ぶどうの皮を編んで作ったブローチ。自然素材ならではの、やさしい表情が印象的だ。

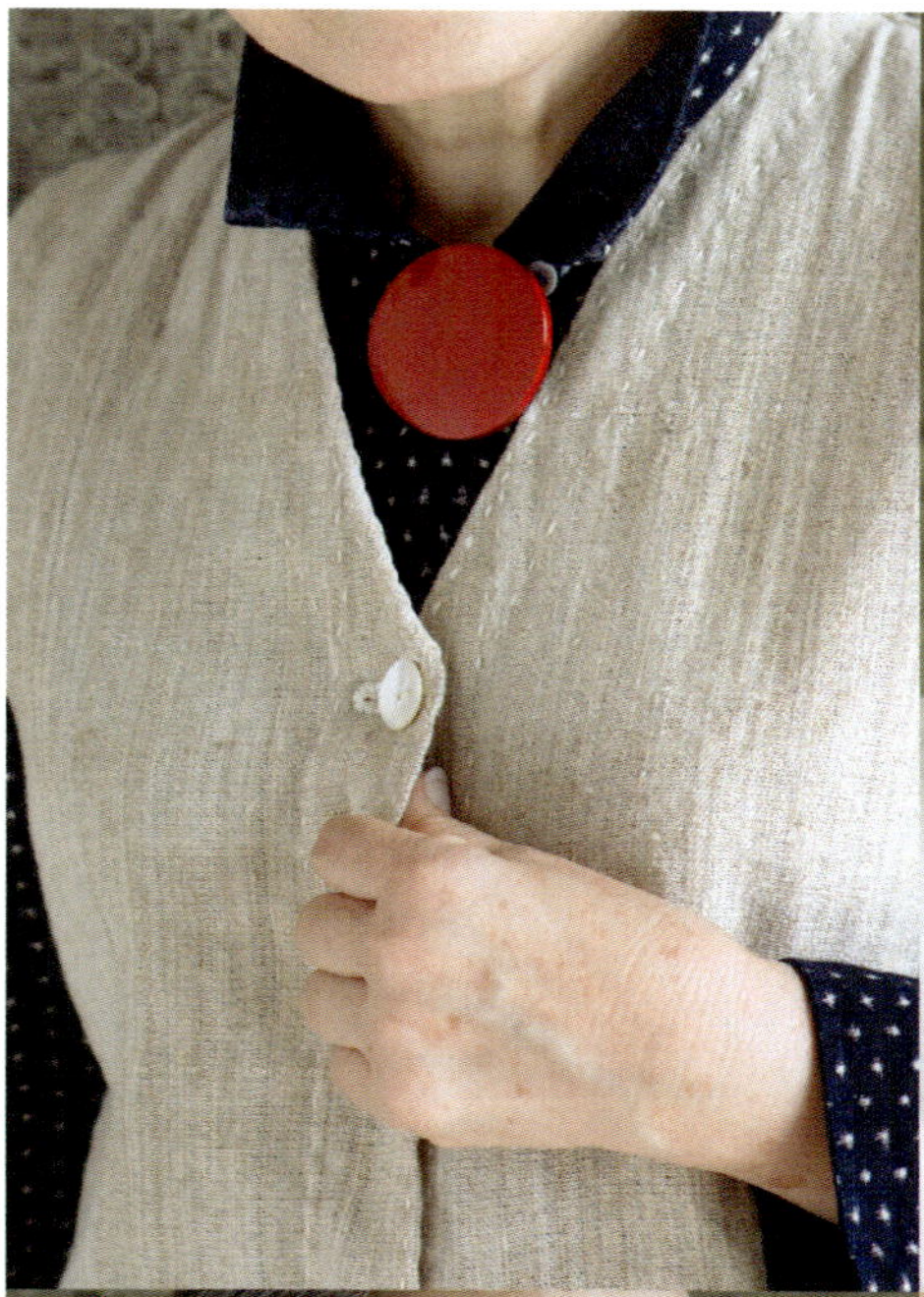

木を磨いて漆をかけた作家物のブローチ。漆の深みのある赤が古布の服にマッチ。

古い建具のパーツを、そのままブローチに。裏にピンをつけるだけででき上がる。

余った型染めの布の一部を長方形にカット。これをブローチの台にはりつけて作った。

古布で作った服の襟や胸元を飾るブローチ。白い水牛の角でできたものは、藍色の古布によく映える。昔の人が髪にさした小さな櫛も、裏側にピンをつければブローチに変身。

古い装飾品や自然素材から作ったアクセサリーたち

「もともと、べっこうや水牛の角で作られたブローチが好きで集めていました。でも、ちょっと大きくて目立ちすぎる気がして、しまい込んでいたんです。シンプルな古布の服にはよく合うので、出番がふえました」

と村松さん。また、骨董市で見つけた古いかんざしは夫がペンダントにリメイクを。これらも、古布の服の胸元を上品に飾ってくれるので、お気に入り。

やはり骨董市で手に入ったふすまの引き手なども、裏にピンを接着するだけでブローチに。

堀内さんは、さまざまな材料

ひもをつければ何でもペンダントに。古布の服には、ちょっと変わったものでもマッチするので、自由な発想で楽しみたい。上のまん中は、大きな1個のなた豆が材料。

を使ってアクセサリーを制作。「自然素材は、古布と相性がいいので、アクセサリーにもぴったり。たとえば、なた豆にひもを通せば、そのままペンダントになります。それから、以前、植木の鉢カバーを編むために採ってきた山ぶどうのつるの皮を眺めながら、『これでアクセサリーができないかな』と考えたんです。そして、手で小さく編んで、ブローチを作りました」

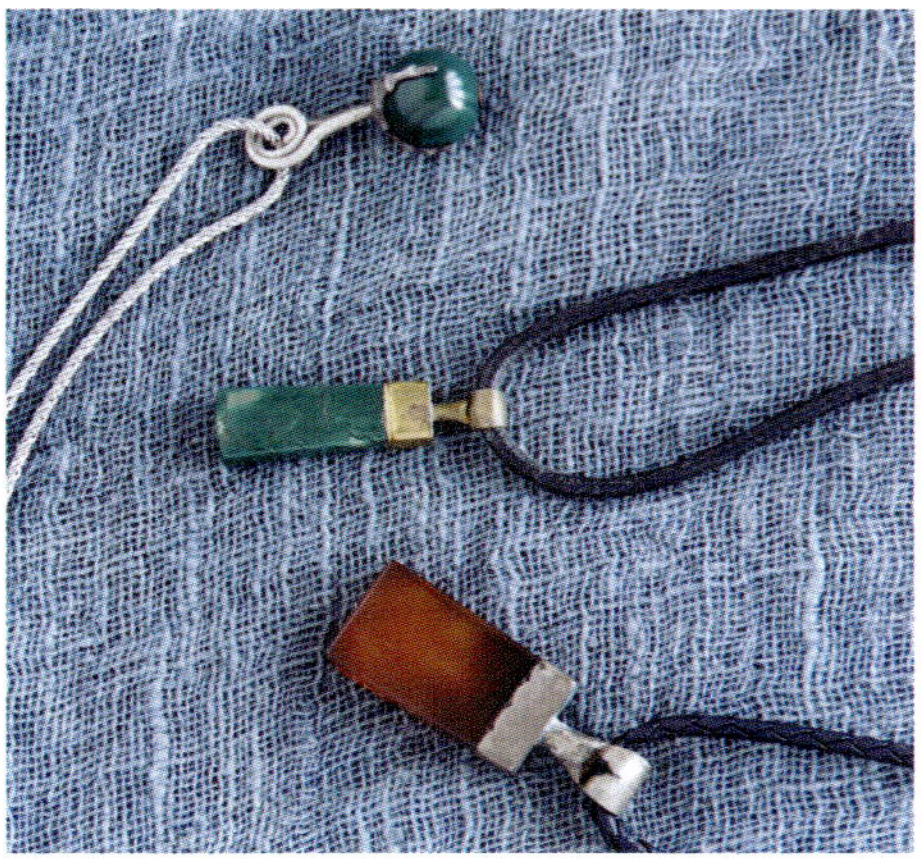

かんざしからべっこうやひすいの玉をはずし、ペンダントにリフォーム。すべて村松さんの夫の手作り。

古布の服に合わせるのは、どこかクラシックなローヒールの靴。自分でちょっと履き古した感じに加工することも。白い靴は、足袋のように後ろのこはぜで留めるデザイン。赤のショートブーツは、赤系の古布がまじったバッグを持つときにコーディネート。

存在感のある靴が古布の服にはベストバランス

以前はトラッド派で、靴もスリッポンばかり履いていたという堀内さん。古布の服を着るようになって、足元も変化しました。

「シンプルなワンピースのときは、すっきりした靴を選ぶことも。でも、ほとんどは、存在感のある靴を合わせています」

かかとはローヒールで、爪先はとがっているより丸いタイプに注目を。色は、黒やブラウン系が中心。

「ときには、自分でちょっと古びた感じを加えます。ブラウン系の靴に黒の靴墨を塗って、少しそのままに。そして布でふくと、履き込んだ雰囲気になり、古布の服にマッチするんです」

最近は少し冒険を。

「白や赤系の靴も、古布に合うことを発見しました。足元に変化をつけて、新しい着こなしもどんどん試したいと思います」

ブラックデニムも、古布にはマッチする。とくに、全体をボトムの色で引き締めたいときに重宝。膝部分のダメージ加工もいい味。

実はお気に入りのデニムに穴があいてしまった。そこで、型染めの布で継ぎ当てを。すると、前より活躍の機会がふえた。

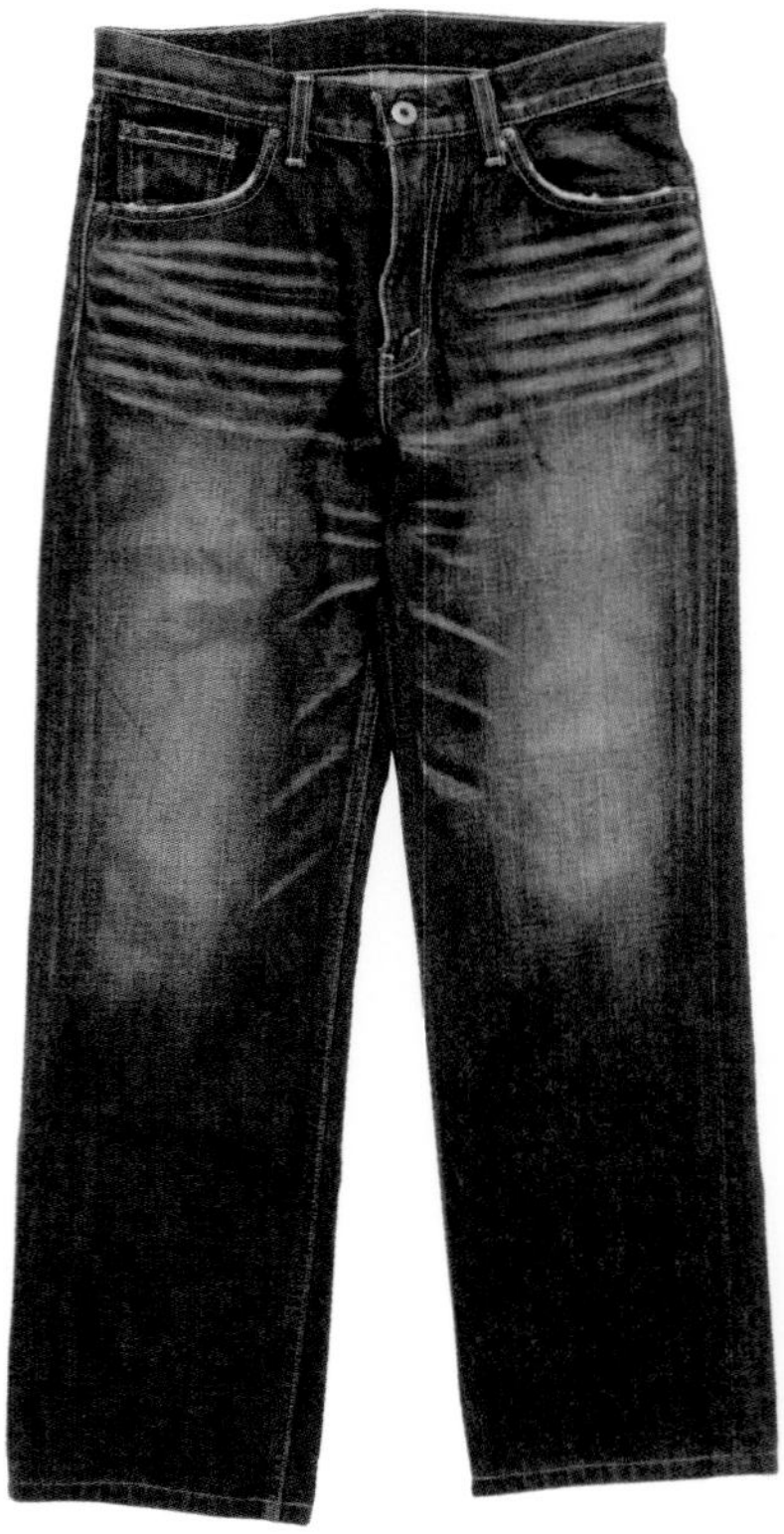

藍の古布で作ったコートやブラウスなどによく合う、ベーシックなブルーデニム。古布の服が好きなら、1本持っていると便利。

腰のあたりにややゆとりのあるジョッキーパンツ風のデニム。ポケットのデザインもユニーク。思った以上に、いろんな服に合う。

柄の部分に和風のエッセンスが感じられるレギンス。古布のパンツの下にはいて、裾の柄だけチラリと見せるのもおもしろい。
（15ページ参照）

膝のあたりの継ぎはぎや色あせがインパクトのあるデニム。合わせる古布のブラウスやジャケットは、プレーンなデザインのものを。

一歩先を行くおしゃれにはデニムをおすすめ

ジャケットやブラウスが古布の場合、ボトムも古布で作ったもののほうが、すんなりなじみます。ただ、もう一歩進んだおしゃれを楽しみたいと思うなら、デニムを。

「藍の木綿の服には、デニムがよく合うんです。それも、きれいなものより、はき古した感のある、ちょっとくたびれたデニムがいい。古布の服にうまくとけ込みながら、現代的なニュアンスもプラスしてくれます。冒険したいなら、個性的なレギンスを合わせてもすてきです」

ゆったりていねいな

古布のある暮らし

3

広がる古布好きの輪

桜の季節が近づくと、堀内さんも村松さんもソワソワ。

「古布好きのかたたちと、おしゃべりと手縫いを楽しむ『チクチクの会』が近づくからなんです」

二人は、たびたび雑誌に登場し、作品展も大盛況。全国にファンがいて、「もっと古布のことを知りたい」という声が届くようになりました。堀内さんたちも、古布と手縫いの魅力を、できるだけ多くのかたに伝えたいと考えています。そこで、年に1回、開催日は「4月の第1木曜日」と決めて、チクチクの会を開くことを決めました。

「とくに連絡などはしないんですが、みなさん、4月の最初の木曜日には、お針箱を抱えてニコニコといい笑顔で各地から集まってくださいます」

桜の季節は、お天気が不安定。雨のことも多い。それでも、30人近い女性たちが、二人に会いにやってくるのです。

富士市の広見公園内に移築された江戸時代の古民家「旧稲垣家住宅」。市内に現存する最古の民家で、有形文化財にも指定されている。ここがチクチクの会の舞台。

チクチクの会

堀内さんと村松さんは、4月の第1木曜日に古布や手縫いを愛する仲間たちと会を開いている。名づけて、チクチクの会。午前中から始まって、夕暮れどきまで。おしゃべりをしながら、思い思いに針を動かす。毎年、このときを楽しみにしている人は多い。

右・この日は煎茶のお茶席で、おもてなしも。会場には、堀内さんが何度も継ぎ当てをしながら自宅で使っている座布団が。

左・手縫いに慣れていない人は、小さなポーチ作りに挑戦。写真は参加者の作品。

古民家の縁側に座って、おしゃべりしながら針を動かす「チクチクの会」

縁側に腰かけて、それぞれが古布を手縫い。ときどき縫い方の相談をしたり、ちょっと手伝ってもらったり。近況を語り合って、大笑いすることも珍しくない。

当日は、二人が手作りした古布の服やバッグ、小物の新作を何点かお披露目。みんなの感想を聞くのは楽しいし、勉強にもなる。会場の古民家の入り口には、古布で制作したのれんが風にひるがえる。

縁側からは、1本の大島桜の大木を眺めることができる。枝々に咲き誇る白い花が、すがすがしい。

古布で継ぎ当てをしたソックス。これを見て「かわいい！　私もやってみよう」という声があちこちから。

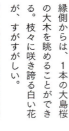

仲間と一緒に縫って、食べて、笑って大満足のひととき

ここは静岡県富士市にある広見公園。広々とした園内を歩いていくと、やがてかやぶき屋根の大きな古民家が。まるで民話の世界に迷い込んだような、この場所を借りて、チクチクの会は開かれます。

「特別なことをするわけではないんですよ。それぞれが持参したものを縫いながら、おしゃべりを楽しみます。『ずっとしゃべってばかりで、チクチクしなかった(笑)』というかたもいますが、もちろん、それでもまったくかまいません」

お昼どきには、堀内さんや村松さんの手料理も登場。

「食べたかたがたに『家庭の台所で煮炊きしたものは、ちゃんと素材の味がする』と喜んでいただいて、私たちもうれしいです」

そしてまた縁側でチクチク。昔の女性たちも、こうして話に花を咲かせながら、繕い物をしたに違いありません——。

いつも、差し入れする村松さんの手作りお菓子と漬物は大好評。こんな豪華なお花見弁当を作ることも。やがて日が西に傾くと、来年の再会を約束しながら、三々五々、帰途につく。その前に、楽しい時間を過ごした縁側で記念撮影！

この日は、堀内さんの長女もお手伝い。髪には自分で手作りした古布のすてきなヘアアクセサリーが。

2年に一度の作品展で、全国の古布好き、手縫い好きの女性たちと交流も

秋になると、今度は「村松みち子 堀内春美 二人展 古布が好き ― 繕い、纏い、伝えていく―」を開催。2017年で6回目になる作品展です。

「2年に一度なので、2年間かけて150点ほどの服やバッグ、小物類を準備します。私たちの古布の手作りを心待ちにしている人たちを思い浮かべながら、せっせと針を動かすんです」

当日は、手縫いの古布作品のファンが、全国から会場へ。そして、古布ならではのやさしい手ざわりを実感したり、縫い目に宿る温かさを楽しんだり。何より、古布を現代によみがえらせた二人の感性と技には、多くの女性たちが感動。またたく間に、「予約済み」の紙片が作品にはられていきます。

「来てくださったかたに『前回よりもよかった』と言ってもらうことを目標に、これからも作り続けていこうと思っています」

会場に古布のれんをかけたり、野趣あふれる草花を飾ったり。そんな準備も二人で楽しみながら行う。毎回、夫たちもなにかと協力してくれるのがうれしい。

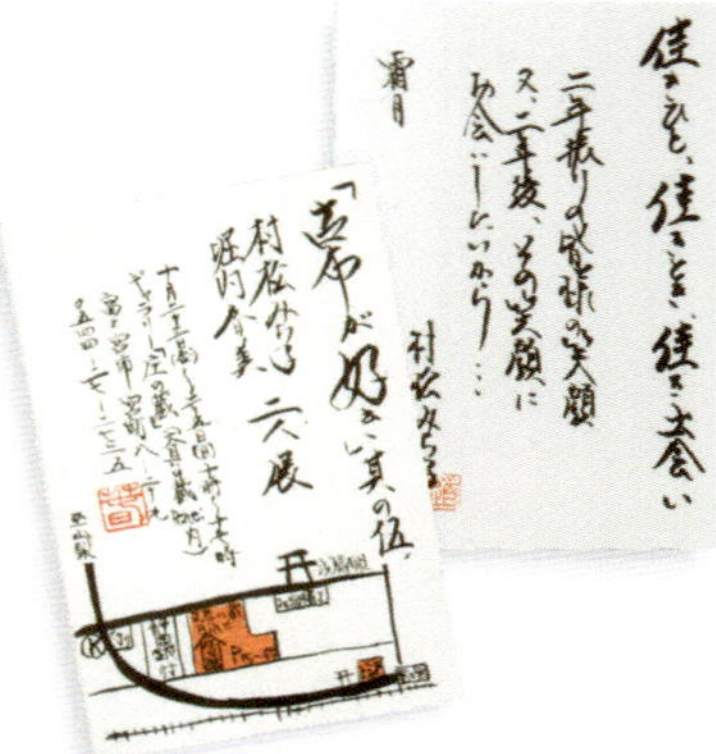

作品展は富士宮市の「文具の蔵Rihei ギャラリー庄の蔵」で開催。案内状は堀内さんが手描き&デザインしたものを印刷して発送している。

古い蔵を生かしたギャラリーは、「古布」や「手縫い」のもつ美しさ、温かさ、懐かしさをきわ立たせる。堀内さんや村松さんは、来場者に作品の説明をしたり、作り方のポイントを伝えたり。毎回訪れるのを楽しみにしている人もいて、顔なじみも少なくない。

古布の服の多くは、コーディネートして展示。「着こなしの参考になる」と好評を得ている。また、ずらりと並んだ、さまざまなデザインのバッグや小物入れなども大人気。ひとりで何点も購入していく人もいる。

おわりに

もしも、今まで着ていた服が
しっくりこなくなったと感じているなら、
あるいは、現在の生活に
新鮮味や感動がなくなったと気づいたら、
「古布を暮らしにとり入れる」という
選択肢があります。

繕いの跡に込められた昔の人の物語、
人の手のぬくもりや懐かしさ。
そして、世界に1枚だけの服をまとう
誇らしさ、幸福感——。

ふと、人生の途中で立ち止まって、
「ていねいに日々を送りたい」、そう思ったなら、
古布の服が似合う人になったのかもしれません。

ぜひ一度、古布を手にとってみてください。
そして、はるか昔の女性たちがはぎ合わせ、
継ぎ当てをした跡を指でたどってみます。
そこには、買っては捨てるを繰り返す
現代とは違った、物を大切にする心があり、
手仕事を愛する気持ちと喜びがあるのです。
私たちの作った服やバッグが、
一人でも多くのかたに古布の魅力、
手仕事のすばらしさ、美しさを
伝えるものになればうれしいと思います。
そして、「私も古布で何か作り、
暮らしにとり入れたい」という気持ちに
なる人がいたなら、この上ない喜びです。
さあ、一緒に、古布を広げて
チクチクと手仕事を楽しみましょう。

堀内春美
村松みち子

村松みち子
むらまつ・みちこ

静岡県富士宮市に在住。20年以上前から、古布のパッチワークで小物作りを行う。近年は、パッチワークに限らず、いろいろな技法で古布の魅力を生かしたバッグやポーチ、めがねケースなどを制作。2年に一度、堀内さんとの「二人展」で作品を発表＆販売。子ども2人は独立し、現在は夫とふたり暮らし。孫の世話も楽しみの一つ。

堀内春美
ほりうち・はるみ

静岡県富士宮市に在住。15年ほど前、友人の村松さんから古布で作ったバッグをもらい、その魅力に目覚めて、自己流で服作りをスタート。これまで古布をリメイクした服を約500点縫っている。作品はしばしば雑誌にとり上げられ、全国の古布好きの間では知られた存在。家庭では主婦であり、子どもは2人、孫が3人。
ブログ『古布が好き』
horiuchiharumi.blog102.fc2.com
インスタグラム@kofuwokiru

古布《こふ》を着《き》る。

平成29年12月20日　第1刷発行
令和 6 年 3 月31日　第9刷発行

著者／堀内春美《ほりうちはるみ》　村松《むらまつ》みち子《こ》

発行者／平野健一
発行所／株式会社主婦の友社
〒141-0021　東京都品川区上大崎3-1-1 目黒セントラルスクエア
電話（編集）03-5280-7537（販売）03-5280-7551
印刷所／大日本印刷株式会社

ISBN978-4-07-425113-1

★本書は、雑誌『ゆうゆう』（主婦の友社）の掲載記事に新規取材を加えて再編集したものです。

Staff

撮影
古財秀昭

デザイン
若井裕美

取材・文
南寿律子

校正
こめだ恭子

イラスト・トレース
しかのるーむ

撮影協力
文具の蔵Rihei、無上帑、富士市立博物館

編集担当
依田邦代（主婦の友社）